名人传

张 仪
舌灿莲花定天下

胡其瑞 著　　杨濡豪 绘

人民文学出版社
PEOPLE'S LITERATURE PUBLISHING HOUSE

著作权合同登记：图字 01－2023－2500 号

© 三民书局股份有限公司

本著作中文简体字版由三民书局股份有限公司授权上海九久读书人文化实业有限公司与人民文学出版社在中国大陆（台湾、香港、澳门地区除外）独家出版。

图书在版编目(CIP)数据

张仪：舌灿莲花定天下/胡其瑞著；杨濡豪绘.
—北京：人民文学出版社，2018(2024.11 重印)
（名人传）
ISBN 978-7-02-014299-6

Ⅰ. ①张⋯　Ⅱ. ①胡⋯ ②杨⋯　Ⅲ. ①张仪(? —前
310)-传记　Ⅳ. ①K827＝31

中国版本图书馆 CIP 数据核字(2018)第 103691 号

责任编辑　朱卫净　　王雪纯
装帧设计　汪佳诗

出版发行　　**人民文学出版社**
社　　址　　北京市朝内大街 166 号
邮政编码　　100705
印　　制　　山东新华印务有限公司
经　　销　　全国新华书店等
字　　数　　58 千字
开　　本　　890 毫米×1240 毫米　1/32
印　　张　　4
版　　次　　2018 年 8 月北京第 1 版
印　　次　　2024 年 11 月第 3 次印刷
书　　号　　978-7-02-014299-6
定　　价　　35.00 元

如有印装质量问题，请与本社图书销售中心调换。电话：010－65233595

序

不论世界如何演变，科技如何发达，但凡养成了阅读习惯，这将是一生中享用不尽的财富。

三民书局的刘振强董事长，想必也是一位深信读书是人生最大财富的人，在读书人数往下滑落的多元化时代，他仍然坚信读书的重要性。刘董事长也时常感念，在他困苦贫穷的青少年时期，是书使他坚强向上；在社会普遍困苦、生活简陋的年代，也是书成了他最好的良伴。他希望在他的有生之年，分享这份资产，让其他读者可以充分使用。

"名人传"系列规划出版有关文学、艺术、人文、政治与科学等各行各业有贡献的人物故事，邀请各领域专业的学者、作家同心协力编写，费时多年，分梯次出版。在越来越多元化的世界中，每个人都有各自的才华与潜力，每个朝代也都有其可歌可泣的故事，但是在故事背后所具有的一个共同点，就是每个传记主人公在困苦中不屈不挠的经历，这些经历经由各位作者用心查阅有关资料，再三推敲求证，再以文学之笔，写出了有趣而感人的故事。

西谚有云：世界因有各式各样不同的人，才更加多彩多姿。这套书就是以"人"的故事为主旨，不刻意美化主人公，以他们的生活经历为主轴，深入描写他们成长的环境、家庭教育与童年生活，深入探索是什么因素造成了他们的与众不同，是什么力量驱动了他们锲而不舍地前行。以日常生活中的小故事来描写出这些人为什么能使梦想成真，尤其在阅读这些作品时，能于心领神会中得到灵感。

和一般从外文翻译出来的伟人传记所不同的是，此套书的特色是由熟悉文学的作者用心收集资料，将知识融入有趣的故事，并以文学之笔，深入浅出写出适合大多数人阅读的人物传记。在探讨每位人物的内在心理因素之余，也希望读者从阅读中激励出个人内在的潜力和梦想。我相信每个人都会发呆做梦，当你发呆和做梦的同时，书是你最私密的好友。在阅读中，没有批判和讥讽，却可随书中的主人公海阔天空一起遨游，或狂想或计划，而成为心灵

知交。不仅留下从阅读中得到的神交良伴（一个回忆），如果能家人共读，读后一起讨论，绵绵相传，留下共同回忆，何尝不是一派幸福的场景！

谨以此套"名人传"丛书送给所有爱读书的人。你们都是世界上最幸福的人，因为一直有书为伴，与爱同行。

目 录

名人传

张　仪

? 一前310年

前　言

你知道什么叫作"三寸不烂之舌"吗？你相信有人可以靠一张嘴左右列国之间局势吗？在历史上真的有这么一个人，靠他能言善辩的口才，震动了整个时代！事情就发生在中国历史上一个最混乱，但却也是最多采多姿的朝代——周朝。

周朝刚刚建立时，由于历任的几位君王都相当地努力勤奋，所以充满了欣欣向荣的景象。百姓们各个安居乐业；君王和文武百官们也都认真负责，把整个国家治理得井然有序。

周朝是实行封建制度的朝代。整个国家的政治由一层层不同等级的人组合起来，最上层的是周朝的君王，大家都称呼他为"天子"，因为他是上天的儿子，是天下百姓

1

共同的主人。天子之下有许多不同等级的官员，他们有的是周天子的家族成员，有的则是对王朝有功的大臣，这些人，我们都称他们为"诸侯"。所以，整个周朝的政治看起来就像一座金字塔，最上面是天子，下面依序是不同等级的诸侯。

除了这种象征意义的权威外，天子还拥有首都周边一大片领土的政治、经济以及军事权力，这块领土叫作"王畿"，意思就是"周天子的土地"；而其余的领土，则按照一定的规矩分封给诸侯们。诸侯们可以掌管地方的税收与政治，但诸侯国对中央政府也有交税和保护天子安全的义务。

各个诸侯又分为五个等级的爵位，分别是公、侯、伯、子、男。封国领土的大小，以及他们可以拥有多少军队，都得按照爵位的等级来分配。所以，在封建制度下，无论是农业生产、军事行动、爵位继承，都受到严格的约束，有一定的规矩和步骤。也由于有着这样的规范，让周朝维持了很长一段时间的稳定与繁荣。

但是，这样的好日子并不是永远不变的，连续几个不大用心的天子让周朝的政治开始慢慢走下坡。直到沉迷于酒色的周幽王，为了博取宠妃褒姒的欢心，甚至将原本已经安排要继位的太子废掉，打算让褒姒的儿子成为太子，并且改立褒姒为王后。这样的做法让许多大臣感到非常不满，尤其是原来王后的父亲。

为了夺回王后的位子，王后的父亲联合当时在周朝首都附近的一群少数民族——犬戎——一起攻入京城。但是，他万万没有想到这个做法却是引狼入室，最后幽王被杀，褒姒被抓，使得周朝几乎要灭亡，历史上称此为"犬戎之祸"。

在一阵烧杀掳掠之后，整个京城变得残破不堪，根本不像一个首都的样子，幽王的继任者周平王只能把首都由原来的镐京迁到东边的雒邑。后代的历史学家便把定都在镐京的周朝称为"西周"；迁到雒邑之后的周朝称为"东周"。

从西周到东周，周天子的权威慢慢地下降了。

犬戎之祸让各个诸侯国开始轻视周天子，甚至连这场动乱都是靠诸侯国来帮忙平定的。为了答谢这些诸侯，周

王便把许多的土地赐给那些平乱有功的诸侯。结果，这些诸侯"很自动地"继续扩大自己的领土，甚至侵略到王畿，而周天子也不敢说些什么。于是诸侯们的行径越来越大胆，周王室的权威就越来越薄弱了。

到了后来，周王室仅仅拥有雒邑周围小小的一块地，而在土地狭小、人口又少的状况下，王室的经济状况变得大不如前，更别提什么军事力量了；周天子根本养不起庞大的军队，所以只好缩减军队的人数，大量地裁军。没有军事与经济力量的周天子，就像断了手臂的拳王一样，空有着天子的称号，但是在诸侯的心中早已没有什么影响力了。

为了重建周天子的权威，有一些势力比较强大的诸侯国，便举着"尊王攘夷"的大旗，号召大大小小的诸侯国一起来"尊重周天子，抵挡外邦民族的入侵"。这种做法看起来对周天子的权威是有那么一点点起死回生的功效，但是事实上只不过让这些势力强大的诸侯，成为天下的霸主而已。历史上称为"春秋五霸"的齐桓公、晋文公、宋襄公、秦穆公和楚庄王，就是这个时代有名的霸主。

又过了一段时间，霸主的时代过去了。因为没有人愿意只让别人当霸主，所以各个诸侯开始雄踞一方，并且对外扩充领土。经过了好多年的兼并与占领，除了早已不被重视的周天子，整个周朝分裂成七个主要的诸侯国，它们分别是秦、楚、燕、齐、韩、赵、魏。后来，我们就把霸主的年代称为"春秋"；七国的时代称为"战国"，这七个国家，历史上就称它们为"战国七雄"。我们背诵的《三字经》里面提到的"始春秋，终战国，五霸强，七雄出"，指的就是东周这个时代。

在这七个国家当中，发展最为快速的是秦国。秦国的国君聘请了有名的政治家卫鞅来为秦国进行改革，使得秦国的政治与军事发展蒸蒸日上，很快便超越了其他六国，成为当时各国面临的最大威胁。当然，其他六国也不甘示弱，每个国君每天都努力地思考，要怎么样才能成为一个比秦国更强大的国家。因此，为了增强自己的实力，各国的国君都愿意用大笔的金银财宝来吸引各地有能力的人，希望可以借由这些"贤人"的能力，让自己的国家走向富强，甚至寄望有一天可以统一天下，成为新一代的"天子"。于是，许多有理想有抱负的人，便游走于各国之间，宣传自己的理念，希望能被君王重用。更重要的，当然是要让自己升官发财，从此荣华富贵享用不尽。

所以，在当时的情势之下，有两种重要的学说最被重视。第一种称之为"连横"。简单地说，就是由强国出面拉拢一些弱小的国家，去攻打另外一些弱小的国家，然后趁机去兼并它们的土地，增强自己的国力；第二种学说称之为"合纵"，就是将许多弱小的国家联合起来，共同抵挡一个强国，以防止这些小国家被这个强国兼并。而这里所谓的强国，多半指的是秦国，所以列国总是以秦国作为假想的敌人或朋友，在合纵与连横政策之下，进行各种各样的合作与侵略。而这些倡导连横或合纵政策的人，我们便称他们为"纵横家"。纵横家们在战国时代纷乱的局势下，操纵着各诸侯国之间复杂的外交关系。由于他们熟知各国的情势，而且洞悉人性的弱点，因此可以在错综复杂的政治局势中，灵活地运用外交策略，左右各国之间的互动关系。

这本书的故事，就是从这些头脑和口才相当厉害的纵横家开始的。

1. 两个好同学

相传在一座遥远的山林里，住着一位隐居多年的老人，由于这个地方叫作鬼谷，所以大家都称这位老先生为鬼谷子。鬼谷子收了很多的学生，许多人后来都成为战国时期有名的人物，而其中有两个优秀的学生，一个叫张仪，一个叫苏秦。

张仪和苏秦是鬼谷子很重视的学生，他们在鬼谷子的门下求学，已经有好长一段时间了。有一天，张仪和苏秦两个人来到鬼谷子的面前，对鬼谷子说："老师，我们希望能够下山去，利用您教导我们的一切，到各国发挥所长，求取功名。"

鬼谷子缓缓地回答说："你们俩是我最优秀的学生，以你们的资质，如果继续留在这里做我的学生，有一天说不定可以成为呼风唤雨的神仙，何苦要到那个平凡无趣的世界里，追寻那些虚浮的名利呢?"

张仪回答说："老师，您不是常常教我们：'如果是好的木材，就不会永久生长于岩石之下，任它朽坏；如果是好的宝剑，也不会永久收藏在剑匣当中，让它生锈。'我们在老师的门下已经好多年了，日子一天一天地过去，若是不趁年轻的时候好好发挥才能，扬名万世，还要等到什么时候呢?"苏秦也同意张仪的说法，在旁边使劲点头。

"是吗？那你们两人中有没有一个人想留下来多陪陪老师我呢?"张仪和苏秦两人你看我我看你，似乎都不愿意留在这片荒山野地里。所以，尽管鬼谷子好意想留下这两位学生，但是见他们的意志坚决，也就不再强留了。

"唉!"鬼谷子叹了一口气说，"算了吧！就让我来为你们各卜一卦，看看你们未来的祸福吉凶吧！"于是鬼谷子掐指一算，对他们说："苏秦，你的运势是先吉后凶；而张仪，你则是先凶后吉。苏秦你飞黄腾达得早，而张仪你要比较晚才能有所发挥。老师希望你们可以互相照应，互相帮忙，不要忘了这么多年同学的友谊。"两人半信半

疑地拜别了老师，下山去了。

张仪下山之后，因为自己是魏国人，很自然地便往魏国去了。但是长年在外求学的他，根本没有任何的收入，所以家里的钱几乎都用光了，可以说是到了一贫如洗的地步。穷困的他，没有办法用钱贿赂魏国国君身旁的人，所以一直没有受到魏国国君的重用，加上魏国在对外军事上屡战屡败，于是张仪决定带着家人投奔楚国。

楚国的相国昭阳见张仪颇有学识，又是鬼谷子门下的学生，因此将他收为自己的门客 ①。

过了没多久，楚、越两国发生战争，楚王派昭阳率兵灭了越国，之后进兵魏国也大获全胜。楚王很高兴，为了犒赏昭阳，便将举世闻名的"和氏璧"赏赐给他。

这块和氏璧可不是件平凡的宝物，传说和氏璧为一块稀世的美玉，不但在黑暗中能够发光，在寒冷的冬天

---

① 门客：春秋战国时期流行的一种特殊风尚，也是各国国君或贵族吸引人才的方法。许多各有所长的人为了求发展，投身于这些国君或贵族的门下，一般便称他们为"门客"或是"食客"。即便门客的素质与背景参差不齐，但这些以养士闻名的国君或贵族公子都以谦卑的态度礼贤下士；而门客们多半也都知恩图报，为东周历史写下许多可歌可泣的故事。

里还可以当作取暖的工具，到了夏天，这块宝玉却又变得比冰块还要寒冷。它之所以叫作"和氏璧"，还有一段故事：

相传在楚国有一个玉匠叫卞和，在荆山挖到了一块未经雕琢的玉石，并且认定这块玉石必定为稀世宝玉，便将它献给楚王。但楚王的玉匠看不出这块玉石的价值，楚王因而大怒，砍了卞和的左脚。下一任楚王即位，卞和又献上这块玉石，但仍旧没有人看出它的价值，因此又被砍了右脚。直到楚文王即位，知道卞和受了委屈，派人剖开玉石，得到一块完美无瑕的宝玉，为纪念卞和，因此命名为"和氏璧"。

正因这块和氏璧是无价之宝，摆在哪里都觉得不放心，所以，昭阳总是随身携带着，一刻也不让和氏璧离开自己的视线。有一天，昭阳带着门客游赤山时，这些门客老早就听说和氏璧，所以都希望可以一睹它的光彩。昭阳也是一个爱显摆的人，见到大家一副非常渴望看看和氏璧的样子，不由得炫耀了起来。于是，昭阳从层层的盒子里，小心翼翼地拿出和氏璧，再三嘱咐过后，才把这块宝玉交给宾客一一传阅。没想到话才说完，众门客争先恐后地围了上来，谁都想要摸一下这块稀世珍宝。结果在一阵混乱中，和氏璧竟然不知传到谁的手上，就这样不见了。

昭阳生气极了，也没有心情看什么山水，一回到府中，就下令彻查门客，说什么也要找出偷走和氏璧的人。

那几个起哄说要看和氏璧的门客心想，如果最后找不到和氏璧，相国一定会迁怒于他们，到时候别说会被赶出相国府，以相国的个性，大概连自己的小命都保不住了。所以，他们串通好，就把偷璧的罪名，一股脑儿地推给了张仪。他们告诉相国，因为张仪家里最穷，平常又没有什么表现，所以和氏璧一定是张仪偷的。正在气头上的昭阳，听信了这些门客的说辞，立刻下令把张仪抓来，不分青红皂白地把他痛打了一顿，要他交出偷走的和氏璧。但是张仪根本没有偷，又怎么拿得出来呢？昭阳见张仪已是遍体鳞伤，却仍不肯招供，只好放了他。

身受重伤的张仪被人抬回家中，张仪的妻子一边帮他上药，一边流着泪说："唉！如果你当初听我的话，留在

家里安心地种田，做买卖，不要去读什么书、游说什么君王，现在也就不会遭到这样的灾祸了，连我都得跟着你一起受苦。"

突然，张仪气若游丝地说："我……我的舌……舌头……还在吗？"

张仪的妻子听了不禁笑出声来："命在就不错了，都什么时候了还关心自己的舌头？"

"舌头……"张仪继续吃力地说，"舌头还在……就还有……还有本钱呐！"躺在病床上的张仪，暗暗的对自己许了诺言，将来绝对要让昭阳为他的行为付出代价！

过了些日子，张仪的伤渐渐痊愈了，眼看自己既然无法在楚国发展，不如先暂时回到魏国，再筹划下一步往哪里走。

回到魏国之后，大概又过了半年的时间，张仪变得更穷了。但是他听说自己的同学苏秦在赵国当了相国，心想也许苏秦会看在同学多年的情分上，赏赐给自己一官半职，不如就去赵国发展吧！正在盘算这事的时候，门外突然停了一辆马车，询问之下才知道原来是一位自称贾舍人

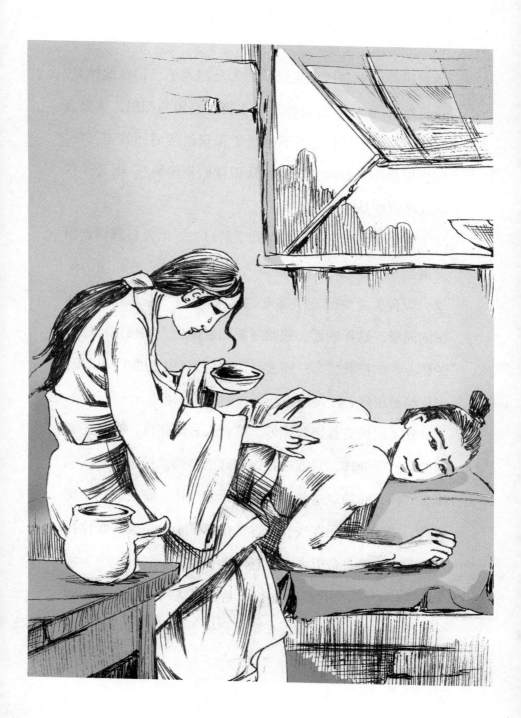

的赵国商人来魏国做生意，因为马跑累了，正在此休息。张仪趁机问他："听说苏秦现在当了赵国的相国，这是真的吗？"贾舍人上上下下打量了张仪，然后回答道："是啊！但是你是谁呢？难道你认识我们相国吗？"因为张仪看起来真的是一副穷酸样。

张仪便将自己与苏秦是同学的过去，以及打算到赵国发展的想法，都告诉了贾舍人。听到张仪是苏相国的同学，贾舍人立刻改变了态度，对张仪说："原来先生是相国的同学。这样的话，我刚好要回赵国去，如果您不嫌弃的话，不如搭我的车一同去赵国吧！"有免费的车可以坐，张仪当然说好，于是两人便同往赵国去了。

到了赵国首都邯郸城外，贾舍人告诉张仪，自己还有别的事情要处理，只能送张仪到这里，请张仪进城后找家旅店安顿，并约定过几天之后会再来拜访。张仪辞别了贾舍人，进城找了间客栈，就这样住下了。第二天，张仪托人向苏秦传话，希望可以见老同学一面。

张仪心想："我们在鬼谷子老师那边当了这么久的同学，现在同学有难，苏秦一定不会袖手旁观。也许很快就会有浩浩荡荡的车队来接我。"想着想着，张仪不由得自顾自地傻笑了起来。

没想到，一连几天什么消息都没有。原来，张仪来赵国的消息，是隔了许多天才传到苏秦耳中，但苏秦又以国事繁忙为由推辞，迟迟没有召见张仪。张仪等了很多天，不禁有点失望，加上身边带的钱又快花完了，想想还是回魏国种田算了。于是准备收拾行李，但客栈的掌柜却不让他走。

"不行不行！"掌柜说，"如果你现在跑了，哪天相国派人来我店里找你找不着，我该怎么办？如果相国怪罪下来，我可担待不起。"拗不过掌柜的要求，张仪只好继续住下来。而那位贾舍人呢？张仪本想顺便探听他的下落，但是他好像人间蒸发了一样，没有任何人认识他。

又过了几天，苏秦终于愿意召见张仪了。张仪喜出望外，特意梳洗整理了一下，便前往相国府，等候苏秦的召见。

张仪以为，苏秦会念及同学之情，亲自出来接他，没想到只见一个下人来传话，带着他从仆人走的小门进去。

张仪本想直接进去见苏秦，却被左右的卫士挡了下来。他们告诉张仪，相国还在议事厅办公，张仪只得在厅外等候。

张仪左等右等，只看到要拜见苏秦的人络绎不绝地进入府中，直到接近中午，苏秦才下令要见张仪。张仪赶紧整理仪容，进了大厅。

张仪以为，同学一场，苏秦应该不会摆相国的架子，至少可以跟他平起平坐吧，但是没想到自己却被安排到只能远远地看着苏秦的地方。

苏秦用一种带有鄙视的语气问道："哟，老同学，你最近过得好吗？"

张仪心想："我要是过得好还会来找你吗？"他气得不肯回答。

正巧到了用餐时间，苏秦对张仪说："最近公事真的太忙了，让你等这么久，不妨跟我一同用餐吧！"于是命令下人搬了餐桌来，让张仪坐在地下，自己则坐在议事堂上。苏秦面前摆了满桌的山珍海味，但张仪的桌上只有很差的饭菜。

张仪本来不愿接受这样的侮辱，但是因为从早到现在

都没有吃东西，只能将就下肚了。更令张仪生气的是，苏秦还将自己的食物分给身边的下人，他们吃得比张仪还好。张仪终于忍受不了，指着苏秦大骂说："苏秦，我们拜别老师的时候，他要我们互相照应，不要忘了同学的情谊。现在你飞黄腾达了，竟然不念旧情，这样羞辱我！"

苏秦摇着头回答说："唉，我本来认为，以你的才能应该早就受到各国国君的重用了，没想到你竟然如此潦倒。如果我把你推荐给赵国，而你又没有什么作为，到时候赵侯怪罪于我，岂不是会连累到我吗？"

张仪气愤地说："男子汉大丈夫，哪里需要你来推荐！"

"既然你不需要我推荐，"苏秦继续慢条斯理地说，"那又何需来见我呢？念在我们是同学的分上，送你一个金笏①，当作你的路费，你自己看着办吧！"随即命令一个下人拿了一个金笏，准备送给张仪。

"谁要你的东西！"张仪将下人拿来的金笏丢在地下，

_____

① 笏是中国古代大臣上朝时手上拿的一块板子，便于记录上朝时要上奏的一些事情。一般多用木头制成，也有用玉做成，但像苏秦这样以金子打造而成的，可是相当少见，可见苏秦在当时的地位与富有程度。

掉头就走。

张仪回到客栈，却看到自己的行李被放在门口。客栈掌柜说："我想您今天见过相国之后，相国一定会看在你们同学之情的分上，赏赐给您重要的官位，所以小的先帮您把行李整理出来，打算知道了您的官邸位置之后，差人帮您送去呢！"

张仪生气地说："可恶透了！"他边脱鞋边把刚刚发生的事情跟掌柜说了。

听了张仪的遭遇，掌柜不免怀疑地说："难道你不是相国的同学？莫非你是来骗吃骗喝的？"张仪抓住掌柜的衣服，将之前他与苏秦在鬼谷子门下求学的经过，从头到尾说了一遍。掌柜半信半疑地说："相国虽然如此待你，但至少还送你一个金笏，也算是不忘同学一场，你至少可以拿金笏来结清你住宿的开销。"张仪一时涨红了脸，不好意思地说："我那时实在太生气了，所以就把金笏丢在地上，现在已经是身无分文了。"

正说这话的时候，贾舍人突然又出现了。他走进店里，见到张仪便问："很久不见先生了，不知道您见过相国了吗?"张仪正在气头上,又听到苏秦的名字,不由得火冒三丈地骂道:"别再提这个无情无义的家伙了!"贾舍人听得莫名其妙,在一旁的掌柜赶忙将事情的经过说了一遍。

贾舍人听完事情的始末,抱歉地对张仪说:"当初是我怂恿您来赵国的,现在遭遇这样的事情,都是我害的。不如让我帮您偿还积欠客栈的费用,送您回魏国去,以表示我的歉意。"张仪叹了口气说:"唉,当初我离开魏国的时候,还大言不惭地说我和苏秦感情有多好,一定可以在赵国找到好工作,结果不但什么都没有得到,还白白被他羞辱了一顿,我现在已经没有脸回魏国了。但是说真的,以现在的局势看来,秦国强大,我倒是很想去秦国发展,只是没有足够的旅费。"

"您要去秦国,莫非是有什么熟人在秦国吗?"

"熟人倒是没有,但赵国就在秦国旁边,如果我在秦国当了大官,就可以派兵攻打赵国,以报苏秦羞辱我的仇!"

"既然这样,"贾舍人说道,"正好,我要去秦国探亲,不如我们就结伴同去吧！”

张仪听到贾舍人这样说，不由得叹了口气：“唉，一个素昧平生的商人，愿意这样帮助我；同窗多年的同学，竟然如此对待我。”于是张仪与贾舍人结拜为兄弟，两人一同驾车前往秦国。

一路上贾舍人花了好多钱帮张仪定做衣服，打点一切，到了秦国，还出钱打通秦国国君的左右大臣，希望让张仪很快就可以被当时在位的秦惠文君召见。

秦惠文君听了左右亲信的推荐，马上召见了张仪，听了张仪对于天下大势的一番分析，觉得张仪不愧是鬼谷子的弟子，就给了张仪一个客卿的位子，这样，张仪总算不再是无业游民了。正当张仪高高兴兴地去告诉贾舍人这个好消息时，没想到贾舍人竟然对张仪说自己要离开了。

张仪讶异地说：“当我在困难的时候，靠大哥您的力量才能成为秦国的客卿，现在正是我大展鸿图，报答大哥恩惠的时候，为何大哥要离我而去呢？”

贾舍人笑着说：“实不相瞒，您真正要感谢的人不是我，应该是苏秦。”张仪被这句话搞糊涂了，于是贾舍人将事情的真相，从头到尾告诉张仪：

原来，数月以前，苏秦受到赵侯的重用，成为赵国的相国，打算利用合纵政策，来连结六国共同对抗秦国。但是上任没多久，就听说秦国准备发兵攻打赵国的消息。苏秦认为，衡量当今的情势，只有张仪一个人有能力说服秦国君臣打消出兵赵国的念头；另一方面，苏秦也担心，自己现在当了相国，到处碰壁的张仪恐怕会因为这样，而打算到赵国发展，如此反而会让张仪的才华被埋没在赵国，于是派遣他的门客，一个自称为"假设"的贾舍人，带着张仪来到赵国，并且故意在议事堂上激怒张仪，使他打消留在赵国的意图。后来，张仪果然打算前往秦国发展，于是苏秦又暗中通过贾舍人出钱资助张仪，帮他打点秦惠文君的左右亲信，使张仪能够为秦国所用。

张仪听完贾舍人的解释后才恍然大悟，原来整个情势的发展都在苏秦的掌握之中。张仪感叹地对苏秦的门客说："我的谋算远远落在苏秦之后啊！感谢大哥您一路帮助，麻烦您回去转告苏相国，只要他在赵国一天，我绝对不会说出'攻打赵国'这几个字，以报答他对我的恩惠。"

于是，贾舍人辞别了张仪，回赵国向苏秦报信去了。

不过话虽如此，要张仪不说"攻打赵国"这几个字很简单，但是，以张仪一个客卿的身份，要如何说服亟欲攻打赵国的秦惠文君以及秦相国公孙衍呢？这恐怕就不是一件容易的事情了。

2. 摇身一变成相国

为了催促惠文君及早发兵攻赵，相国公孙衍上奏惠文君，认为要阻止苏秦所提出的合纵政策，只有将各国一一击破，才能保住秦国强大的局面。

坐在众朝臣最前头的公孙衍说："现在六国合而为一，什么事情都听赵国的吩咐，如果我们这个时候出兵攻打赵国，看哪个国家胆敢出手援助赵国，我们就立刻去攻打这个国家，这样一定可以收到'杀鸡儆猴'的效果。"

听完公孙衍的发言，秦惠文君一副极为认同的样子，其他的朝臣为了拍相国的马屁，也都争先恐后地表示支持相国的想法。突然，一个陌生的声音从后排传了过来："微臣认为相国的策略不妥！"

讲话的不是别人，正是张仪。

尽管张仪排的位置相当靠后，但是他仍然大声地喊了出来。其他的朝臣纷纷回过头去，看着这个新来的人，有的人甚至还叫不出他的名字。

"哦？你倒是说说看，我的策略有什么不妥？"相国公孙衍看了张仪一眼，用一种轻蔑的语气对张仪说。

突然间成为大家注目的焦点，张仪显得有点紧张，他吞了一下口水，心里直懊恼。虽然以前在鬼谷子老师门下时，他总是抢着发言，但是，朝廷可不比山上，说错了一句话，也许就要杀头的。

"可是，"张仪念头一转，心里想到，"苏秦不是说过吗，只有我才有能力扭转这个局势，就姑且一试吧！"张仪勇敢地继续说："微……微臣以为，六……六国才刚刚缔结合约而已，正是它们一头热地支持合纵政策的时候，所以现在不是用军事威吓的方法就可以分裂它们的。"张仪越讲越有信心，越讲也越流利了，"如果秦国攻打赵国，在赵国周围的韩国、楚国、魏国、齐国和燕国一定会派出战斗力最强的部队，到时候秦军一定应接不暇，哪有能力对付这些军队呢？微臣认为，以当今的局势来说，离秦国最近的是魏国，我们只要对其他各国放出消息，说我们已

经拿了大笔的金钱和土地去贿赂魏王放弃合纵，一定可以使各国怀疑魏国对合纵政策的忠诚；如果我们再和离秦最远的燕国结为亲家，必能让整个合纵政策破局。"

秦惠文君听了之后，觉得张仪的计策似乎比起公孙衍来得有道理，因此暂缓了公孙衍的行动，先派出使者到魏国，承诺要将先前从魏国占领的土地，归还魏国。魏王想到不用花费任何的代价，就可以拿回土地，这是多么好的一件事。因此，为了表达谢意，魏王表示要将魏国的公主许配给秦国的公子。这个消息马上传到了赵侯的耳中。

由于赵国在苏秦的号召下，成为六国的领袖，赵侯也正享受于合纵之计下成为老大哥的威风当中，而秦魏联姻不但让合纵政策破了局，也等于是打了赵侯一巴掌。赵侯把苏秦叫来臭骂一顿。

赵侯说："你看看！这是怎么回事？之前你不是跟我保证，合纵政策是万无一失的妙计吗？才没几天，魏国就倒向秦国了！你到底在做什么！"

苏秦虽然知道这是把张仪送到秦国之后的"副作用"，但是为了保住自己的性命和官位，便对赵侯说自己愿意出

使齐、燕两国，巩固合纵政策。

事实上，苏秦心里也在盘算着，自从自己倡导合纵政策以来，各国国君都对自己言听计从，常常因此而冷落了赵侯，不免有点"功高震主"的感觉，而且，赵侯还不时地对亲信发牢骚说："到底我是老大还是苏秦是老大啊？"可见赵侯对于自己的信任已经不像从前了，若是利用这个机会，到其他国家发展，也不失为一个好办法。由于苏秦当时在各国间已经是响当当的人物了，到了齐、燕两国，两国的国君纷纷给他重要的官位。最后，苏秦就待在齐国，不回赵国了。

张仪听到苏秦离开赵国的消息，知道自己的计谋已经成功地离间了赵侯和苏秦的感情，合纵破局已经指日可待了，于是便要秦惠文君破坏之前答应归还魏国土地的约定。消息传到魏国，魏王一气之下，派了使者到秦国去质问秦惠文君为何如此不守信用。

秦国自然也不是省油的灯，立刻派遣秦国的公子和张仪率兵攻打魏国，一举攻下了魏国的蒲阳。正当魏国还在兵荒马乱之际，张仪突然带着秦国的公子来见魏王。

"你还有脸来见我？"魏王不管秦军是不是兵临城下，一想到被秦国耍了一顿，心中早已怒火中烧，将所有的怨气化成对张仪的咆哮。张仪赶忙笑着赔不是："大王请息怒，我正是为此事而来。其实我们国君并没有要侵占大王领土的意思，是因为您派来的使者太不懂礼貌了，我们国君一气之下就下令要出兵攻打贵国，我们怎么说也拦不住他。现在他已经冷静多了，觉得这样有点对不起大王，所以愿意将蒲阳这块地还给贵国，而且愿意让秦国的公子繇来贵国当人质，以作为秦国与贵国友好的象征。"

所谓"人质"，其实是春秋战国时代一种特殊的外交手法，叫作"交质"。也就是将国君的儿子送到其他国家去当作人质，以作为两国友好与互信的表现。当两国之间关系良好的时候，作为人质的公子，与他国国君间常能保持良好的关系；但是要是甲国国君不顾在乙国为人质的儿子死活，对乙国发动军事行动，通常身为人质的公子就会遭到很凄惨的对待。

听了张仪这一番话，魏王的语气才和缓了下来。"秦君有这番好意，我也就不推辞了，"魏王说，"不过我们得用什么当作谢礼回报你们呢？"

顺着魏王的话，张仪接着说："大王也知道，秦国地处偏远，最需要的莫过于土地，如果大王可以割让一些土地给秦国的话……"

"什么？"魏王打断了张仪的话，"才说要把蒲阳还给我，现在又要我割地给秦国？"

"大王请听我说完，"张仪继续说，"秦国地处偏远，本来就是一个积弱不振的小国家，如果能获得魏国肥美的土地，一定可以增加秦国的国力；秦国强大了以后，再联合贵国的大军一起攻打其他诸侯，到时候大王您所能获得的土地，一定远远大过现在割让给秦国的土地。所以，用一点点小土地来换取天下，对大王而言，只有好处没有坏处啊！"

魏王被张仪这一番话搞得都糊涂了，也忘了蒲阳原本就是魏国的领土，不但将上郡十五个县包括少梁这一大片土地送给秦国，还将原本要来魏国当人质的公子繇送回秦国，表示对秦国的信任。

秦惠文君看到张仪用如此妙计，不费吹灰之力就得到了大片的土地，比起现任的相国公孙衍，真是有过之而无不及，于是辞退了公孙衍，任命张仪为秦的相国。

　　张仪被封为相国的那一天，写了一封信给昔日因和氏璧遗失而鞭打自己的楚相国昭阳。张仪写道："之前，我在你的门下为门客，我没有偷你的和氏璧，你竟然无故鞭打羞辱我。现在我警告你，你最好是好好地守护你的城池，哪天你一不留神，我就把你的国家给偷了！"张仪写信的事情，后来也传到了楚王的耳中。

　　张仪在楚国时的楚王此时已经过世，新任的楚王正急思广纳人才，图谋富国强兵。他听说张仪之前也曾经想来楚国发展，但是不知道为什么，楚国竟然留不住张仪，反倒让张仪变成了秦惠文君的左右手，这对秦国来说无疑是如虎添翼。现在终于知道，原来是相国昭阳的缘故。

　　楚王把昭阳叫来臭骂了一顿，质问他说："像张仪这样的人才，你竟然不提拔他作为先王的得力助手，反而还羞辱他，让他跑去效忠秦国！"昭阳羞愧得不知道该说些什么，只能低着头拼命地说："臣该死！臣该死！"对张仪

而言，也算是报了他被诬陷偷璧的耻辱。

　　从张仪赴秦国发展，到他当上相国，不过短短一年的时间而已，张仪认为，唯有实行连横政策，才能使秦国更加壮大，于是，张仪便把连横政策，作为他当上相国后第一件要做的事情。在取得魏国大片土地之后，为了取信于魏王，张仪便大方地把之前秦国从魏国手中取得的焦和曲沃两个地方还给魏国。但没过几年，张仪又派兵攻打魏国，把魏国的陕城一带据为秦国所有。自此，秦国占有了黄河以西、上郡，以及黄河以东的部分土地，还有黄河南部的陕城。也就是说，以黄河作为天险屏障的有利战略位置都被秦国掌握了，秦国的势力也就锐不可当了。

3. 站在天秤两端的两个人

再说公孙衍吧！自从张仪抢走了公孙衍的位子以后，公孙衍气得终日借酒浇愁，最后索性离开了秦国，转而支持与张仪对立的合纵政策，准备找机会好好报复一下张仪。而之前最推行合纵政策的苏秦，离开赵国，转往齐国发展之后，整个合纵政策的主导人，便由公孙衍取代，他积极地推动联合六国对抗秦国的政策。

就在这种局势下，发生了一件重要的事情，对接下来的历史发展影响相当深远，那就是列国国君称王的事情。

前面说过，周朝是以封建制度立国的朝代，中央政府是由周天子担任最高的领导人，所以，也只有周天子才有资格称为"王"，其余被分封的诸侯，只能按照他的爵位等级被称为"公""侯""伯""子""男"。因此，如果诸侯们自称为"王"，就是对周天子极不尊敬。在周天子势力还很强大的那个年代里，这样的举动，是会引起列国的谴责与攻击的；而这样的局势一直到春秋时代前期都还维持着，即便是那些威震天下的春秋霸主，也都不敢自称为王。直到春秋末年，换了楚国国君担任霸主之后，才以"楚王"自居——也就是后世所称的"楚庄王"。

但是，即使是楚王破坏了这个规矩，其余各国还是不敢太过嚣张地自称为王。到了"战国七雄"渐渐成形之后，才有魏王与齐王两人先后称王的事情发生。自从张仪当了相国，秦国的领土与国力渐渐扩张，秦惠文君也在张仪的怂恿下自称为王，也就是后世所称的"秦惠王"。

这时，离开秦国的公孙衍到了魏国担任魏国的大将，想以合纵政策对抗秦国。当然，有一半的原因，还是要报复抢了他相位的张仪，和辞退他的秦王。为了联合诸国的力量，公孙衍发起了一个叫作"五国称王"的运动。

所谓"五国"，包含了魏、韩、赵、燕，以及不在

"战国七雄"的小国——中山国。前面说过，魏国在很早之前便已经称王了，在秦国称王之后，魏国为了拉拢韩国，也和韩国国君互相称王。而现在，面对秦、齐、楚三国的强大压力，这批挤在中间的小国家，便在公孙衍的鼓动下，以互相称王来与秦、齐、楚三国对抗。这种行为，有点像一个小孩想要做坏事，但是害怕自己一个人去做会被大人处罚，于是，找了几个邻居的小孩一起去做，借此壮壮胆。事实上，只是名字上的改变，对于当时诸侯国之间的形势并没有带来很大的改变，但是这种不把周天子的地位与权威放在眼里的观念，却已经清楚地深植于各国国君的心中，周天子的地位已经荡然无存了。而战国的政局也正式进入了"合纵"与"连横"政策抗衡的局势。

碰到了公孙衍来搅局，张仪立刻想出一个好办法来反制公孙衍。

为了避免自己的妙计被破坏，张仪私下去见了秦王，对他说："微臣想要辞去相国的职务。"

"为什么呢？"秦王不解地问，"相国辅佐我之后，秦国的国力大增。现在列国纷纷联合起来对抗我，相国却要离我而去。难道，相国也是见利忘义之人吗？"

张仪回答说："大王对微臣的厚爱，微臣就是到死也不敢忘记，但大王有所不知，现在列国合力抗秦都是公孙衍搞的鬼。他在魏国当了将军，想要联合其他六国来对付您，以报大王您辞退他的仇。但是，各国的合作，只是表面上的合作而已，其实它们之间的矛盾仍然很大。所以，微臣希望可以到魏国，若能离间魏王和公孙衍的关系，同时再用一点点的威胁和利诱，去说服魏王与大王联合，其他诸侯见状一定也会纷纷效法，这样就可以破坏列国的合作关系了。"

秦王说："可是，相国可以以特使的身份前去魏国，何必要辞去相国的职务呢？"

"大王有所不知，"张仪继续说，"如果微臣以秦相国的身份前去魏国，魏王一定会以为微臣是代表秦国的利益来说服他的；如果微臣以平民的身份去游说他，他才可能愿意接纳微臣的意见。"

秦王觉得张仪说的很有道理，于是准许张仪辞去相国的职务，让他前往魏国，实行他的连横政策。由于这是张仪与秦王私下的约定，所以，在其他人看来，张仪似乎是得罪了秦王而被赶出秦国的。但是谁也不知道，一个秦王与张仪偷偷安排的大计划，正在慢慢地实行。

由于张仪本来就是魏国人，魏王见到魏国的人才愿意回国效力，哪有拒绝的道理？所以张仪一到魏国，魏王立刻重用张仪，任命他为相国。

张仪对魏王说："魏国南面邻近楚国，北接赵国，东有齐国，西为韩国，根本没有什么山川河流可以作为屏障，哪天这些邻近的国家一起来侵略大王，大王根本措手不及，不如与秦国联合，这样也比较安全一些。"尽管张仪雄辩滔滔，但是持相反立场的将军公孙衍，则一直力劝魏王不要接受张仪的计谋。

正当魏王犹豫不决之际，在秦国等得不耐烦的秦王突然派大军攻打魏国，并且大败魏军，占领了刚刚还给魏国没有多久的曲沃。原本秦王的打算是希望通过军事上的压力，迫使魏王向秦国靠拢，但是，这样的做法不但没有让魏王决定与秦国联合，反倒是激怒了魏王，使他更走向合纵政策的怀抱。

这件事情当然不在张仪的计划当中，但张仪并不死心，仍利用机会，经常说服魏王放弃合纵，与秦结盟；而同时也在魏国当将军，又是张仪死对头的公孙衍，则不断地力劝魏王，不要听信张仪的连横诡计，应该以合纵为保全大局的最好办法。所以，张仪和公孙衍，就好像天秤的两边，你一言我一语地左右着魏国的政局。

难道魏王真的不知道这两个人是死对头吗？魏王当然知道。不过，魏王认为，合纵与连横政策的大师都在魏国当自己的大臣，一方面可以消除秦国与其他五国对自己的疑虑，两边都不得罪；再则，张仪和公孙衍互相牵制，也不至于让自己被任何一方牵着鼻子走；最后，也是最重要的，在连横与合纵之间，魏王更可以趁机坐收渔翁之利，哪边有利，就往哪边靠近一点，真是再聪明不过了。

过了几年，老魏王死了，新继位的魏王却没有那么深谋远虑，这一点，张仪也发现了。

一开始，魏王和老魏王一样，不肯接受张仪的建议，但是张仪知道，新魏王毕竟刚即位没有多久，整个魏国政

局都还没有稳定下来，如果趁着这个机会对魏王施加压力，也许就可以实现自己的计划了。

于是，张仪偷偷地派出使者到秦国传达信息，要求秦王发兵攻打魏国。弱小的魏国哪里是秦国的对手？当然是大败收场。

正当魏军大败于秦国之际，齐国也不甘寂寞地趁机出兵攻打魏国。就在魏国被两面夹攻的时候，又传出秦军打算出兵再攻魏国的消息。

这对魏王和列国而言，都是一件令人震惊恐惧的事情，张仪见时机成熟，便借此再度对魏王施压。

张仪说："魏国不过是个千里大的小国，军队不超过三十万，又没有什么屏障可言，不论是南边的楚国，还是东边的齐国、北边的赵国、西边的韩国，只要稍微对它们任何一国不好，就会遭到它们的侵略。微臣认为，不如请大王对秦王表示友好，以秦国现在的国力，我想其他国家一定不敢对魏国动武；没有其他国家侵略的压力，大王就可以高枕无忧了！"

张仪的说辞和数年前对老魏王说的其实大同小异，但此时局势已经与数年前大不相同。年轻的魏王听了张仪的说辞，觉得也挺有道理的。于是，背弃了和列国多年的合纵约定，转而对秦国表示效忠。

魏国对秦示好，身为魏国将军的公孙衍，当然不能让张仪如此嚣张，因此，公孙衍分派使者，把秦国和魏国联合之后对其他国家的威胁，向齐、楚、燕、赵、韩等几个大国的国君游说，各国国君对公孙衍的看法也深表同感，于是便开始转而支持公孙衍的"合纵政策"；同时，这些大国开始对魏国施压，要求魏王撤换张仪，改让公孙衍担任相国。

面对各国的施压，魏王似乎又有妥协的倾向。看到魏王举棋不定，张仪便借故离开魏国，而公孙衍也在张仪离开魏国之后，在各国的支持下，成为魏国的相国。

尽管张仪此次前往魏国，看似并没有达成当初的目的，但是他却成功地让列国间充满了互不信任的气氛，这样的情况，在后来的几场列国联合攻打秦国的战争中，变得更为明显。合纵与连横政策的成败，似乎已经可以看出一点点的头绪啦！

4. 楚王，向您借点钱！

张仪离开魏国之后去了哪里呢？其实他并没有直接回秦国，反倒是先到楚国去了一趟，以便于说服楚王加入连横的行列。而这次的过境楚国，让我们再次见识到张仪的聪明与能言善辩的本领。

张仪到了楚国，待了挺长一段时间，但是楚王一直不肯召见他，以至于张仪带的旅费也用得差不多了。有一些跟着张仪来到楚国的随从，见张仪堂堂一个担任过两大国家相国的人，竟然在楚国沦落到这样的地步，便打算离开张仪，自己回秦国去。

张仪对他们说："我想，你们这些人一定是因为看我没了钱，所以才要回秦国去吧？别担心，我这就去叫楚王把钱掏出来，让你们花。"话说完，张仪便大摇大摆地往楚王的王宫去了，只留下一群目瞪口呆的随从不知道该说

些什么。

张仪和楚王的关系是有点微妙的。尽管楚王曾经为张仪到秦国发展而感到有些遗憾，但是当张仪在魏国当相国的时候，老是趁机破坏六国的关系，因此张仪此次到访，楚王便对他有一点戒心，所以才不愿意接见他，以至于张仪才会用尽了盘缠，也没有听说楚王打算派人接济这位离职的相国。

"你来找我有什么事啊？"楚王不耐烦地说。

"微臣来到贵国已经好长一段时间了，可是大王都不肯召见微臣，这样微臣若是不向大王请安就离开，微臣会很过意不去的。"

"好啦！现在见到我啦，你应该好过些了吧？"楚王还是很不客气地要赶张仪走。

"既然大王认为与微臣没有什么好谈的，那么微臣打算往北边去拜访三晋 ① 的君王。"

---

① 三晋：就是指韩、赵、魏这三个国家。春秋末年，晋国的大权落在几位大臣的手中，最后由韩、赵、魏三个氏族将晋国瓜分了，这件事情，历史上称为"三家分晋"，而后世也以"三晋"来称呼韩、赵、魏这三个国家。

“你去就去，何必向我报告呢？既然你有所打算，那我就不送了！”楚王于是命令左右，将张仪赶出王宫。

“大王且慢！”张仪说，“微臣想请问大王，要不要让微臣回程的时候经过贵国，帮您带一点三晋的特产来孝敬大王呢？”

“哼！三晋哪有什么好东西？”楚王一副瞧不起人的态度说，“本大王的土地上要黄金有黄金，要珍珠有珍珠，要象牙有象牙，要宝物有宝物。像三晋这些小国家，有什么东西比得上我藏宝库里的珍宝呢？”

张仪回答道：“微臣走过许多国家，知道大王的领土上物产丰饶，当然不缺什么。但微臣来到楚国这些日子，发现贵国少了一样东西，是三晋有而楚国没有的！”

“哦？你倒是说说看啊？”楚王不相信地说。

张仪很有把握地说：“美女，楚国缺少的就是美女！”

“怎么会没有美女呢？我的爱妻南后，爱妾郑袖，难道你没有见过吗？她们可都是数一数二的大美人儿啊！”

“大王的两位夫人微臣没有见过，但是微臣知道，三晋一带的女子，她们的脸像粉一样白，头发像墨一样黑。

站在街上，如果不知道的人见到了，都以为是天女下凡呢！大王……难道不心动吗？"张仪故意拖慢了讲话的速度，还挑起了眉毛，好似摸透了楚王的心事一样。

"真的吗？听你这么说，我倒想见识见识你说的美女。"虽然好色的楚王脸上装得一副不为所动的样子，但是心里却早已是迫不及待了。于是楚王给了张仪许多的珍珠和美玉，要张仪回程的时候，帮自己挑选一些美女纳为妃子。

张仪拿了楚王的金银财宝之后，便利用机会，把楚王要张仪到三晋寻美女的消息，传到王后和妃子郑袖的耳中。王后和郑袖平常就已经为了争宠而时有心结，现在听说还有三晋的美女要来搅局，怎么能允许这样的事情发生呢？特别是郑袖，虽然她是位才貌出众的美女，但也是有名的醋坛子。对于那些想要接近楚王的嫔妃，没有不设法陷害欺压的。所以，王后和郑袖分别通过亲信，拿了大笔的金钱，说是要给张仪当作路费，但事实上，她们也嘱咐了亲信，明确地暗示张仪不要帮楚王带女子回来。

就在张仪要离开楚国的那一天，他特地去拜见楚王，向楚王辞别。楚王心里想的只有三晋的美女，根本无心听张仪说些什么。

张仪对楚王说："大王，微臣就要出发了，出发以前，微臣斗胆请大王能赏赐微臣一杯小酒，作为饯别之礼。"

"好！"楚王只想赶快送张仪上路，马上命令仆婢给张仪准备酒菜。

酒过三巡，菜过五味，楚王见张仪好像没有要离开的意思，便问张仪说："先生打算何时起行啊？"

张仪回答说："启禀大王，现在反正没有外人，微臣斗胆请大王召您最宠幸的人来与您一同饮酒，喝完，微臣马上起行。"

听到这句话，楚王立刻下令召见王后与郑袖，盼望这样可以赶快催促张仪出发。没想到，当王后与郑袖一踏进门，张仪赶忙跪着对楚王说："微臣请大王赦罪！"

楚王被张仪这番突如其来的举动弄糊涂了，赶忙问张仪这是怎么回事。

张仪跪在地上说："微臣走遍天下，见过无数的美女，却从来没有见过像王后与王妃这样的美女。微臣竟然还向大王口出狂言，要帮大王去三晋找寻美女，没想到真正的美女就在大王您的身边啊！请大王饶恕微臣的罪过。"说完连磕了好几个响头。

王后对大王说："大王，张仪所说的都是实话吗？"

"唉呀！王后你不要听张仪乱说，他说的全是谎话！"没想到楚王在大臣面前威风得很，碰上王后却像个做错事的小孩。

"什么？"王后继续说，"张仪刚刚说我是世间少有的美女，大王也认为是谎话吗？"

"不不不……"楚王连忙否认，"张仪说的是真的，是真的！"

"这么说……"郑袖在旁答腔道，"大王真的要去三晋找美女来取代我啰？"

"没……没有！"楚王再否认，"我的意思是，张仪说两位是世间少有的美女，这是真的；但是说我要去三晋找美女，这是假的。"

"可是……"郑袖继续说，"我听说大王已经赏赐给张仪很多珠宝和美玉，为的不就是要把美女带回楚国来吗？"

"不是不是，"楚王又否认了，"我纯粹只是担心张仪回去秦国的路上没了路费，好歹他也曾是秦国的相国，怎么能让他饿肚子呢？所以我给了他一点路费，也当作是给秦王的一份人情嘛！"

听到楚王这样说，张仪很高兴地大声说："谢大王恩典！微臣这就告退了！"说完头也不回地走了，留下在宝座上被捉弄得一愣一愣的楚王和两位松了一口气的后妃。

张仪带着大笔的财宝回到住所，对着随从们说："拿去吧！这是楚王给你们的零用钱，要多少就拿去用吧！"随从们都被这批金银财宝吓傻了眼，不由得对他们的主人张仪更加佩服得五体投地了。

5. 合纵政策的大失败

让我们再回头看看张仪离开魏国之后的局势。

与张仪号称死对头的公孙衍在东方诸国的支持下出任魏国的相国，为了报复自己被张仪夺去秦相国之位的怨恨，公孙衍便联络各国，成功地发动了"五国伐秦"之役。

所谓五国，即魏、赵、韩、燕、楚。原本公孙衍还说服了齐国前来助阵，但是，就像前面说过的，各国彼此之间，是互相不信任的，因此，最后真正出兵攻秦的，只有赵、魏、韩三国而已。就连名义上作为发起人的楚国，竟然都采取观望的态度。

至于齐国呢？齐王在列国发兵之前，先召集大臣们询问他们对于加入五国伐秦的意见。有的大臣认为，齐王和秦王之间是外甥与舅舅的关系，而且，秦齐两国本来也没有什么嫌隙，何必因为其他五国的军事行动，破坏两国的关系呢？因此很多大臣都反对加入五国的行列；当时人在齐国的苏秦，为了支持他所倡导的合纵政策，自然大力游说齐王伐秦的好处。但是，同为齐王谋臣的孟尝君却提出了第三种意见。孟尝君说：

"无论要不要派兵攻打秦国，其实都不是件好事。"

"此话怎讲呢？"齐王诧异地说。

"大王若是攻打秦国，响应魏国的号召，就会和秦国结下梁子；但是，若是大王不发兵攻打秦国，一定也会得罪其他五国，到时候搞不好它们不打秦国转而攻打我们，就真的得不偿失了。"

"那么这该怎么办呢？"

"微臣看来，不如我们还是派兵前往，但是让军队慢慢前进，这样一方面不得罪五国，另一方面我们也可以观望一下。若是五国战事顺利，我们再加入战局，也许可以分到一些利益；若是五国打得灰头土脸，我们也可以早早撤退，不至于和秦国之间有什么不愉快。"齐王听了这番话，觉得孟尝君的想法很有道理，便派他率领两万大军跟着五国联军慢慢前进。一路上，孟尝君告诉五国联军的将领，自己突然身患重病，必须等到痊愈之后才能加入战局。

五国伐秦只出三个国家的兵力，最后的结果是被秦国的大将樗里疾打得落花流水。齐王对于孟尝君的计谋佩服不已，而对于在战前极力主张加入战局的苏秦，便开始慢慢地不那么相信他了。

自从苏秦到了齐国之后，很多齐国的官员对这个"赵国来的相国"就不大满意，加上齐王对苏秦的礼遇和重用，让很多原本齐王的朝臣都觉得很不是滋味，纷纷找机会排挤他。刚好，苏秦对于时局的误判，让他和齐王之间有了误解，朝中的许多大臣便开始计算怎么除掉苏秦了。

过了几天，当苏秦正准备上朝的时候，一个陌生人迎面而来，还没等苏秦反应过来，这个陌生人突然抽出匕首，刺进苏秦的肚子里，苏秦身受重伤，没有多久就死了。

苏秦遇刺身亡的消息传到张仪耳中，张仪感叹道："苏秦啊苏秦，当初要是没有你的深谋远虑，我可能一辈子也不能当上秦国的相国。你在赵国叱咤风云这么多年，要不是你在燕齐两国内反反复复，也就不会落得今天这个下场。当初老师为我们占卜吉凶，说你是先吉后凶，现在真的应验了！如今你已经不在人世，是我好好使用我的舌头，大有作为的时候了！"

五国伐秦之役最后以败战收场，一代合纵名家苏秦也因此被杀身亡，但是反而造就了张仪与公孙衍两人的名声。在列国之中，张仪和公孙衍两人一横一纵，声势都足以让天下震动。所以当时的人说，要是张仪和公孙衍两个人稍微发个脾气，诸侯们都会感到万分恐惧；要是他们愿意安居在家，不过问天下大事，各国间的纷乱就可以立刻止息。可见，他们两人对于时局的影响是多么的重大啊！

6. 小国的无奈

张仪回到秦国之后，秦王立刻恢复了他的相国职位，在他成功阻挡五国伐秦之后，张仪在秦王心中的地位，自然是越来越重要了。而其他各国之间，由于彼此的新仇旧恨，互相侵略的行为变得更为明显，尽管它们有时以合纵自居，但暗地里与秦国的连横却也不曾断过。正好此时燕国发生了内乱，因为燕国的诸侯们反对燕王哙将王位让给燕国的相国子之，于是燕国的诸侯们起兵围攻燕国的首都。而与燕国为邻的齐国，当然没有放弃这个大好机会，立刻趁乱派兵攻打燕国。

一开始，痛恨子之的燕国人民非常欢迎齐军的到来，甚至带着食物和美酒来迎接齐国的军队。因此齐军没有受到太大的拦阻，长驱直入，势如破竹，一下子就打到了燕国国都，燕王哙见大势已去，以自杀了断性命，子之被齐

军处以极刑。但是，由于齐军过于残暴，造成燕国民众的不满，纷纷起来反抗齐军，最后齐国不得不将大军撤出燕国。

当齐国攻破燕国之时，其余各国也纷纷希望可以从中分到一些好处。有的国家趁机攻打燕国，想趁乱侵略燕国的土地，中山国就是一个很好的例子。中山王利用燕国内乱，派相国率兵攻燕，获得大胜，也占领了许多燕国的城池。

另一种国家，则以"行侠仗义"为理由，想以攻打齐国、拯救燕国的名义，借机扩张领土，表面上是要"伐齐存燕"，但是事实上还是为了自己。楚国就是这样的国家，为了避免势单力薄，楚王想找魏国一起出兵，并且答应要给魏国六座城作为报酬。魏王对此当然是心动的，但是对于张仪来说，楚魏两国的结合，就好像一座城墙一样，挡在秦国与东方诸国之间，因此，张仪便出使魏国，前去说服魏王。

张仪的来访，对魏王而言是百感交集的。当初魏王在多国的压力下，任命公孙衍为相国，取代了张仪，魏王的心里总是有些过意不去。因此对于这次张仪来访，魏王很友善地接待了他。张仪开门见山地对魏王说：

"大王觉得您真的拿得到这六座城吗？"

"为什么不能呢？楚王可是很有诚意地说，要以这六座城池当作我出兵齐国的报酬啊！"

"那么，"张仪继续说，"楚王有派人来跟大王您谈划定地界的事情吗？"在古代，由于没有很好的地理测量工具，所以要割让土地城池，都必须先派代表进行国界的划分。

"这……"魏王有些犹豫，"没有是没有，但是现在两国都正准备出兵，哪里有时间谈这个呢？"

"大王难道不会害怕您出兵了以后，楚王不把这六座城给您吗？"

"楚王是个守信的国君，我相信他不会骗我的。"魏王斩钉截铁地说。

"守信？哼！"张仪冷笑了一下，"大王难道忘了前不久五国联合攻打敝国的事情吗？当时统领五国大军的不正是楚王吗？结果他有没有派出一兵一卒来呢？最后还不是只有大王和赵韩两国出兵而已。当大王的军队困在函谷关，向楚国求救的时候，楚王有对大王伸出援手吗？"

魏王一听，心里想："对啊！我怎么忘了这件事情？"不免对楚王的保证产生了怀疑。

张仪继续说："后来大王明智地决定要与敝国讲和，派了使者去楚国请示，楚国自己也想求和，但是怕落在大王之后，让秦国以为大王主和，楚国主战，还把使者骗回了魏国。这些事情，难道大王都忘了吗？"

听了张仪讲的这些种种不愉快的经历，魏王更担心了。

张仪又说："现在大王与楚国联合出兵，齐国一定会迫于压力而将燕国的土地还给燕国，希望借此表示对楚国的屈服，这样楚国就没有出兵的理由了；没有出兵的理由，也就没有楚魏联兵'伐齐存燕'的行动；没有楚魏联兵，又哪来的六座城池呢？

"微臣替您担心的是，不但大王无法在这场军事行动当中获利，反倒因此得罪了齐国。而且，我们大王对楚王率领五国伐秦一事，至今还是耿耿于怀。如果大王又与楚国联合，难保我们大王不会因此而迁怒于您啊！"

魏王左思右想，迟迟下不了决定。正在犹疑的时候，突然魏国的南部传来消息，在魏国南方的韩国，因为饥荒的缘故，宣布要向韩魏两国交界处的河外地方收取粮食。魏王听到这个消息，开始紧张了起来。

不过只是收取粮食而已，魏王有什么好紧张的呢？这得从韩魏两国的地理位置说起。

韩魏两国以河为界，魏在河北，韩在河南。河的北边称为河内，河的南边称为河外。而韩王一直以来都想要跨越这条河，侵占魏国最南边的南阳之地，也就是河内地区。所以，当韩王打算往河外靠近的时候，魏王不能不有所警觉。因此，魏王又找了张仪来，想问张仪有没有什么办法。

张仪说："大王知道韩国为什么迟迟不敢跨过界河夺取南阳吗？"

魏王摇摇头。张仪说："那是因为韩王以为魏秦两国的关系密切，怕自己渡了河，反倒被秦国从背后并吞掉更多土地。"张仪提高了声音继续说，"现在，大王如果和楚国合作，韩国马上就知道秦魏之间必定决裂，如果我是韩王，我一定马上和秦王结盟，然后过河占领大王您的南阳之地。"

听到张仪这样说，魏王立刻放弃了与楚国联合攻齐的计划。当然，韩国逼近河外的事情，也是张仪和韩国的相国公仲串通的，为的当然是向魏王施压了。

张仪见自己的计策达成，便高兴地回去向秦王报告成果。哪里知道张仪的前脚刚走，秦国大军马上就出现在魏国的边境。这是怎么一回事呢？因为面对齐燕两国之间的混战，秦国当然不会放弃这个大好机会，不过秦国却没有加入攻齐还是伐燕的选择题中，反倒是趁机攻打魏韩两国，这一招，当然也在张仪的筹划当中。

秦军先后在曲沃和岸门这两个地方大败魏韩的军队，迫使两国对秦屈服。魏王不但没从齐国分到一杯羹，反倒丢了大块的土地，当然气得七窍生烟。但是，以魏国现在的实力，根本没有办法独自与秦国抗衡；而在楚魏联军破局之后，楚国对魏当然也是怀恨在心，所以对魏王来说，现在似乎只有和秦国联合这一条路可以走了，这不但是魏国的困境，也是其他小国的无奈，所以，从此以后，韩魏两国被迫投入秦国的怀抱。有了这两个国家当作大门，秦国对其他国家的威胁就越来越大了。

7. 再度奏效的"美人计"

为了不让秦国永远当霸主，齐国邀了楚国结成同盟国，于是，列国之间的关系便成为秦与齐楚两股力量的对立局面。而有了楚国作为后盾，齐王马上骄傲了起来，认为假如秦国想攻打自己，一定得先突破楚国的防线，到时候齐国只要趁秦军与楚军交战而元气大伤之际，出兵反击，以齐国的国力，打胜仗应该不是什么大问题。为了压制齐国嚣张的态度，秦王找了张仪来问有没有什么好计策。

张仪歪着头想了一想，回答说："齐国跟楚国之间有姻亲的关系，如果大王贸然出兵攻打齐国，楚国一定会出面干预的。不如……先让微臣去拜见楚王，让我说服楚王放弃跟齐国的结盟关系，这样齐国就会陷于孤立无援的地步，到时候大王要怎样对付齐国都可以了！"秦王听了张仪的计策，觉得不失为一个好办法，于是便派遣张仪前往楚国，游说楚王去了。

出发之前，张仪先派人打听楚王身边有没有哪一位大臣对楚王的影响力最大，而且这个人又是可以用金钱打通收买的。消息传回秦国，发现楚王身旁有一个大臣叫作靳尚，楚王对他的话总是言听计从。于是，张仪便托人用大笔的金银财宝，买通了靳尚。

当然，以张仪的名声，要获得楚王的召见并不难，何况以秦相国的头衔，楚王哪有不召见的理由呢？张仪之所以要先贿赂靳尚，目的当然还是要让靳尚支持自己的计谋，让楚王可以放弃与齐国的同盟关系。除此之外，还有一个原因，就是楚王身边有一位大臣让张仪放心不下，这个人就是我们大家熟悉的爱国诗人——屈原。

屈原又叫作屈平，在楚国担任楚王的"左徒"①。由于

---

① 左徒：所谓左徒，就是在君王左右辅佐的大臣，特别是当君王做错事情的时候，他们就必须勇敢地对国君们提出建议、规劝，甚至是批评。当然，这种工作总是吃力不讨好的，因为当国王的人，往往都听不进去别人对自己的批评，所以我们常说"忠言逆耳"，就是这个意思。屈原，就是一位尽忠职守的左徒。

屈原无论对内与楚王讨论国事，或是对外与诸侯同盟立约，都表现得可圈可点，所以，楚王对他非常信任，也因此，屈原便成为张仪这次离间齐楚两国的最大障碍。正好，此时屈原受楚王之命，出使齐国，以巩固两国邦谊。于是张仪便抓住这个机会，利用靳尚这条管道，买通了许多楚王身旁的大臣，借机挑拨楚王与屈原之间的关系。一开始，楚王当然是站在屈原这一边，对于其他大臣对屈原的批评，都当作是他们嫉妒屈原而已。但是，日子久了，加上屈原在齐国迟迟没有回来，渐渐地，楚王对屈原的信任感就开始有些动摇。张仪见时机成熟，便率领很大一群外交使节，浩浩荡荡地往楚国去了。

张仪到了楚国没多久，便获得楚王的召见。楚王没有忘记前不久和张仪有过的短暂交手，因此小心翼翼地说："先生这次到我国来，不知又有什么指教？"

"我今天来，是想要跟大王做一个稳赚不赔的买卖。"

"哦？真的吗？"楚王说，"怎么个稳赚不赔法？先生倒是说说看吧！"

"只要大王愿意放弃跟齐国的同盟，与我国建立合作的关系，对楚国来说，就是一场稳赚不赔的交易。"

"我何尝不想跟贵国维持良好的关系呢？可是贵国总是对我国发动战争，就算我想与贵国有进一步的同盟关系，我的文武百官也不会同意的。"

"大王有所不知，"张仪继续说，"以现在天下大势而论，最强的就是贵国、齐国还有我秦国了，秦国如果愿意跟齐国结盟，齐国自然会变得强大；秦国如果站在楚国这一边，楚国自然也会变得强大。依我们大王的意思，比较希望跟贵国建立良好的关系。因为我们大王不喜欢齐王那种趁别国内乱时还出兵攻打的小人行径，还是比较敬佩大王您正义凛然的王者风范。要是大王您愿意跟齐国绝交的话……"

"然后呢？"楚王被张仪这些拍马屁的话捧得飘飘然，便赶忙问张仪如果与齐国绝交，可以从秦国获得什么好处。

"如果大王您愿意跟齐国绝交，"张仪重新把条件说了一次，"那么，我们大王便愿意把之前商鞅从贵国取得的商於这块六百里的土地，双手奉还给大王，而且……"

"快说!"楚王被张仪吊足了胃口,催促着张仪赶快说完。

"而且,还愿意把秦国最美的公主嫁给您,让我们两国成为兄弟之邦,共同对抗其他各国,同享天下的荣华富贵,不知大王以为如何?"

听到既能收回土地,又能得到美女,楚王心中真是乐歪了!把张仪之前骗走他大笔金银财宝的事情,忘得一干二净。楚王高兴地说:"既然秦王肯归还我楚国的土地,我为什么要跟齐国继续往来呢?"楚国的大臣们也好像被张仪催眠了一样,纷纷表示支持张仪的建议。不过,有一位大臣并不这么认为,他的名字叫陈轸。

陈轸说:"大王以为张仪说的是件值得庆幸的事吗?"

"当然了,秦国愿意把土地还给我们,还要与我结为亲家,让两国同享荣华富贵,难道不是一件值得庆幸的事吗?"

"大王以为张仪的话可以信吗?"

楚王笑着说:"为什么不能相信呢?"

"秦国之所以想要来跟大王谈合作,其实是因为齐楚同盟对秦国造成了威胁。"陈轸继续说，"如今大王要是跟齐国断交，反而会让楚国陷于孤立无援的状况。到时候，秦国哪里会在乎大王呢？不要说是六百里土地了，就是六里的土地，我看秦王都不会还给大王的。这一切都是张仪的诡计，大王万万不能相信啊！

"再说，一旦大王跟齐国绝交，要是秦国真的骗了大王，到时候不但拿不到土地，反倒跟齐王结怨，最后若是齐王与秦王合作来攻打大王，张仪的计谋，岂不是陷害大王成为亡国之君吗？"

听到陈轸这么一说，楚王倒是有了一点顾忌。

看来除了屈原，还有陈轸让张仪踢到铁板了。张仪看出楚王的心意开始有些动摇，赶忙对拿了张仪大把银子的靳尚使眼色，靳尚马上对楚王说："大王不要听陈轸乱说，如果大王不肯先与齐国断绝往来，怎么能对秦国表示我们的善意呢？齐国不断，土地不来，土地不来，美女也不会来了。请大王三思啊！"

听到了土地和美女，楚王好像被催眠似的对群臣说："我相信张仪绝不会说谎，为了对秦王表示我们的善意，

我立刻派使者到齐国宣布断交。陈轸，你就乖乖地闭嘴，等着看我去接收我们的失土吧！"

于是，楚王赏赐了张仪许多金银珠宝，并且下令北方边防的将领，禁止齐国的使节入关，正式宣布与齐国断交。同时派遣一位将军陪张仪回秦国，好安排国土接收的事情。

就在张仪快要到达秦国的时候，不知道发生了什么事情，他突然从车上摔了下来。陪同张仪回秦的楚国将军赶忙前去搀扶，张仪一副痛苦的样子，看来伤得不轻。到了秦国，张仪就以养伤为由，闭门不出，也不上朝。

一拖就是三个月的时间过去了。

"算算日子，张仪应该早就到秦国了，"楚王有点心急地说，"怎么还没有消息传来，要我派使者去接收土地呢？"

陈轸被楚王下了封口令，尽管知道楚王上了张仪的当，但是却不能多言。反倒是宠臣靳尚在楚王身旁一直为张仪说好话，不是说秦王正在筹备交接土地的典礼，就是说秦国正在挑选最美的公主来和亲。楚王听得晕头转向，根本就失去了判断的能力。

张仪真的受伤到不能上朝吗？当然不是。聪明的人都看得出来，张仪摔下车子受伤根本是一场预先排好的戏。跟着张仪回秦国的将军，左等右等，都没有见到张仪上朝，也没有听说秦国有什么要归还土地或是筹备婚礼的动作。于是他上书秦王，想问问是否有什么事情耽搁了。

秦王倒是很礼貌地回复他："张仪要是真的答应了楚王，我当然会替他实践这个诺言。但是听说楚国和齐国并没有真正的断交，还是持续有往来，所以还是等张仪伤好了，我当面问问他，再做决定吧！"其实这回复的说辞，也是张仪之前就与秦王演练过的。

消息传到楚王耳中，楚王不免又忧心起来。宠臣靳尚继续进言说："秦王一定是觉得大王您跟齐国之间断交得不够彻底，因而有所迟疑吧！"楚王为了获得美女和土地，马上派遣了几个人高马大、声音宏亮的勇士到齐国的边境，面向齐国大声辱骂齐王。

齐王早就听说秦楚之间"秘密外交"的传闻，原本还寄望楚王可以遵守承诺，维系齐楚之间的邦谊，结果没想到楚王竟然为了土地和美女，将之前的约定抛诸脑后，气得暴跳如雷，立刻派出使节到秦国，准备与秦国联合发兵攻打楚国。

张仪听到齐国派使者到秦国来，相约发兵攻打楚国的消息，知道自己离间齐楚的计谋已经达成，于是开始上朝了。那位自楚国来的将军听到张仪伤后初愈，便赶紧前往拜见张仪。张仪故意装作很讶异的样子，说："将军怎么还在这里呢？我以为您已经拿了土地，回去向楚王报告了呢！"

"相国有所不知，秦王说必须等到相国您上朝之后，再跟您确认归还土地的事情。现在相国的伤已经痊愈，是不是可以请您早早向秦王报告，确定秦楚的地界后，我也好回去复命。"

"这件事情何必还要劳驾秦王呢？"张仪说，"我之前向楚王说的，不过就是将自己的六里封地献给楚王而已，这种小事，秦王才不会管呢！"

"不对吧？"将军诧异地说，"我记得我们大王说，是商於这六百里的地，怎么到了秦国就变成相国的六里地呢？"

"怎么可能？是不是楚王听错了？秦国的每一寸土地都是秦国的将士用鲜血换来的，怎么可能轻易就给人呢？别说六百里，就是一寸都不可能。将军要不要回去跟楚王确认一下，这当中一定有什么误会。"

楚将军慌慌张张地回到楚国，向楚王报告这件事情。楚王大怒："可恶的张仪，竟然敢欺骗我，让我变成全天下人的笑柄，这个耻辱我非雪不可！"于是下令发兵，准备攻打秦国，不但发誓要夺回楚国的失土，还要杀了张仪泄恨！

这时，陈轸说话了。

"启禀大王，微臣现在可以说话了吗？"

楚王说："当然可以，之前我不肯听爱卿的话，结果被张仪这个小贼给骗了，不知道爱卿现在有什么妙计，可以帮助我挽回颜面？"

"楚国现在已经没有齐国作为盟友了，而且听说齐国现在打算跟秦国连手出兵攻打我们。如果大王独自攻打秦国，恐怕很难打赢。以微臣之见，不如请大王割让两座城池给秦国，以贿赂秦国与大王一同出兵攻打齐国，这样看来也许失去两座城，但是说不定可以从齐国夺取的领土内补偿回来。"

楚王摇摇头说："可是欺骗我的是秦国，不是齐国。如果我和秦国连手攻打齐国，不是更让天下人笑话吗？"

楚王最终还是没有接受陈轸的建议，派大将屈匄率军攻打秦国。由于秦国已经获得齐国的援助，正好以逸待劳，大败楚军。到了这个局面，楚王只好派出使者去向齐国赔罪，并且答应割让两座城给秦国。

自从韩魏两国投向秦国的怀抱以后，秦楚两大集团已经成为战国末期的主要势力，尽管还有其他小国游走于两国之间，但最终还是以秦楚两国的对抗，成为历史发展的主轴。但是在张仪用计欺骗楚王之后，引发了楚国吃力不讨好的伐秦之役，最后楚国以败战收场，对于楚国的国力与大国地位而言，影响是相当大的。而秦国在这次战役之后，声威大振，早已不把楚国放在眼里了。

秦王对来讲和的楚国使者说："要我们罢兵，可以；楚王那么想要商於这块地，也可以。你回去告诉楚王，只要他愿意把黔中这块地割让给我，我不但立刻下令收兵，同时还把商於之地奉还给楚王。"楚王听到这个条件，立刻派人传话给秦王说："要黔中之地可以，只要秦王愿意拿张仪的人头来换，商於之地，我们不要也行。"

可见，楚王真的是恨张仪入骨啊！但是话说回来，秦王为什么不惜以商於之地来换取黔中之地呢？秦王真的会拿张仪的人头去换地吗？究竟张仪能不能平安逃过这场灾难呢？在张仪的脑子里，其实也在盘算着同样的问题。

8. 死里逃生

　　黔中之地对秦国来说，真的有这么重要吗？这个问题得从秦与巴蜀地区的关系说起。秦国的地理位置本来就在中国西方的边陲地带，无论就战略位置还是土地肥沃的程度来说，都是相当不理想的；而位于秦国西南的巴蜀一带，却有着广大而肥沃的土地。巴蜀一带自古以来就是属于周王朝的边缘地区，他们拥有自己的君王，过着自己的生活，有的时候他们会对周王朝进贡一些物品，有的时候发动一些战争，有的时候也做一些买卖。而前面说到的黔中之地，就是在蜀国与楚国中间的一块区域，如果秦国获得了黔中，又能与蜀国连成一线，就像一只大手，将六国握在手心里。因此，黔中之地，一直是秦王所觊觎的。而要得到黔中，自然得先把蜀国拿到手才行。

　　秦国与蜀国相邻，历任的秦王自然也希望将这块肥沃之地变成自己的领土。到了秦惠王的时候，由于蜀国发生内战，秦国的朝臣间就展开了究竟是要往东发展，还是往南发展的争论：往东，就是对六国进行军事战争，往南，则是对蜀国地区的进兵。支持对六国进军的，就是当时刚当上相国的张仪；支持进攻蜀国的，则是另一位朝臣——司马错。

张仪上奏秦王说："以秦国的国力，应该开始往东并吞天下，甚至可以入侵周王室。抓住了周天子，天下的诸侯就得听大王您的话了。若是大王不往东边发展，反而向南边发展，等于是放弃争霸天下的机会，如此是会让其他诸侯瞧不起的。"

持相反态度的司马错认为："秦国地处边陲，土地又很贫瘠，如果现在贸然对东方六国发动战争，不但国力比不上它们，恐怕连粮草都无以为继，不如请大王先将肥沃的巴蜀地区纳入秦国的版图。秦国成为了富强的国家后，东进自然不成问题。"司马错继续说，"更何况，现在巴蜀发生内战，以平定巴蜀内乱之名出兵，也好过张相国的以挟持周天子之名出兵。而且，这样也不会受到列国的干预。"秦王想了一想，觉得司马错的建议虽然比较保守，但是稳扎稳打的策略还是比较适合现在的局势，于是，派遣了张仪和司马错两人率兵攻打蜀国。

但是，当秦国大军到达秦蜀边境的时候，却马上遇到一个棘手的问题。

往巴蜀一带的路，自古以来就是崎岖难行的小路，难以容纳秦国正规军的大举入侵，即使到了唐朝，诗人李白也在诗中说："蜀道难，难于上青天。"因此，要是贸然深入蜀境，蜀国的军队只要以游击战的方式，躲在茂密的树林里对秦军发动攻击，秦国的军队就很容易被打败。于是，张仪想出一个很特别的法子。

一天早上，蜀国的边防军，看到秦蜀边境跑来了五头牛，但是看了半天，这些牛好像都一直待在原地，动也不动。于是，蜀军派了几个侦察兵偷偷跑到边境，仔细一瞧，发现这几头牛竟然都是用石头做的，但是这些牛怎么来的，却没有人知道。

蜀国的边防军每天都看到秦国的守军派人在石牛底下

找东西，找到之后似乎都非常高兴的样子。打听之下，才知道这些石牛每天早上都会拉出金子做的大便。蜀军将这个消息禀报给蜀王，蜀王便派使者前去与秦军谈判，说："这几只石牛在秦蜀的交界地带，所以它们拉出来的金大便，照理来说应该由秦蜀两国共同拥有。"

可是秦军却不这么认为，他们说："这几只石牛虽然在边境交界处，但是，石牛的屁股对的是秦国的国境，所以拉出来的金大便，自然也应该是落在秦国境内，所以归秦国所有。"蜀王派来的使者只好摸摸鼻子，自知理亏地回去了。

但是到了第二天清晨，蜀军突然发现，所有的石牛都头朝秦国，尾朝蜀国地站着，蜀军喜出望外，又派了使者前去交涉。这下秦军没有理由拒绝了，一副不情愿的样子说："我们光有牛的头也没有用，不如你们把石牛都搬回去吧！"蜀军当然高兴极了，心想这下有了会拉金大便的牛，一定会得到蜀王的奖赏的。

但是，通往蜀国的道路狭窄，别说一只石牛了，就是半只也过不去。于是，蜀王下令拓宽道路，为的当然是要

将这五只会拉金大便的石牛带回蜀国。没有多久，新的道路就完成了。蜀王派了许多人浩浩荡荡地把石牛运了回来。当然，石牛到了蜀国就不会再拉金大便了，这一切不过是张仪的诡计而已。

当蜀王还在纳闷为什么没有金大便的时候，张仪和司马错所率领的秦国大军已经兵临城下了。蜀军不敌强大的秦军，于是，蜀国被秦国所灭，原来的蜀王被降级成为蜀侯，从此以后变成了秦国的臣属，而秦国也在蜀国丰富的物资供应之下，一天天地强大了起来。至于这条为了石牛开辟的道路，当地的人便称它为"石牛道"，秦军借石牛攻打蜀国的故事，也一直在当地流传着。

当蜀国落入秦国的口袋之后，黔中之地就是秦王的下一个目标了。

当楚王放话要以黔中之地换取张仪的性命时，许多在秦王身旁的人，因为嫉妒张仪受到秦王的宠爱，纷纷对秦王说："张仪不过是小命一条，而黔中之地有百里之大，如果大王要以军队拿下这块地，不知道要赔上多少秦国将士的性命。如今以一命换百里，绝对是相当划算的一件事。"

秦王虽然心里很想要这块地，但是对于张仪，又不忍心将他送到楚国去。张仪看出秦王的难处，于是自告奋勇地表示愿意单独前往楚国，以换取黔中之地。

秦王说："你这不是自投罗网吗？楚王巴不得剥了你的皮泄恨，你怎么还愿意去送死呢？"

张仪对秦王说："以微臣一人的性命，换取偌大的黔中之地，这当然是件划算的事情。微臣受大王照顾，理当以死报答大王的知遇之恩。更何况……"张仪诡异地笑了笑，"楚王不一定敢杀微臣喔！"

"哦？"秦王不由得把身体往前倾了倾，好奇地问："先生难道又有妙计了吗？快快告诉我！"

"就等微臣平安回到秦国，再告诉大王吧！"张仪嘴角那一抹微笑，让所有的人都充满了好奇。于是，张仪辞别秦王，独自一个人往楚国去了。

张仪才踏进楚国的边境，立刻被楚国的兵丁给抓住，把他五花大绑地送到楚王面前。楚王将张仪关在大牢里，准备选个好日子，把张仪给杀了，以泄心头之恨。

张仪被囚禁在牢里，楚王的臣子中，只有一个人敢去看他。这人不是别人，自然是拿了张仪许多好处的靳尚。张仪知道此行凶多吉少，在出发之前就已经先行派了亲信，送了大笔的金钱给靳尚。靳尚好歹也是个知恩图报之人，买通了狱卒，要他们让张仪少吃点苦头。

靳尚对张仪说："先生这是何苦呢？岂不是明知山有虎，偏往虎山行吗？现在楚王每天都在想要用哪一种极刑处置先生，我该怎么帮助您呢？"

张仪将靳尚拉近了点，悄悄对他说了几句话。靳尚一副恍然大悟的样子，点点头说："靳尚知道了。"于是交代了看管大牢的狱卒们，要他们好好善待张仪，自己便离开了。

张仪告诉靳尚的悄悄话，到底是什么呢？原来，张仪又要从楚王的爱妃郑袖下手了。

第二天一大早，靳尚去见了郑袖，对她说："夫人您就快要失宠了，您还不知道吗？"天下恐怕没有任何一个女人会比郑妃更害怕听到"失宠"这两个字了，她瞪大了眼睛，对靳尚说："你这句话是什么意思？"

"夫人知道秦国的相国张仪被大王抓起来的消息吗?"

"嗯,我听大王提起过,他每次提到张仪这个人,总是恨得牙痒痒的。但是,这跟我失不失宠有什么关系呢?"

"夫人有所不知,秦王最宠爱的臣子,非张仪莫属。自从张仪担任秦相国以来,秦国的领土日益扩大,秦国的国势也越来越强,秦王把这些都算作是张仪的功劳,怎么可能让张仪平白无故地就被大王抓起来杀掉呢?

"再说,听说秦王已经放出消息说,愿意以上庸之地等六个县来贿赂楚王,并且还要献上秦国的美女来交换张仪。土地事小,秦国的美女一来,恐怕夫人您就要失宠了。"

先前,张仪曾经以三晋的美女来骗取盘缠、以秦国的公主来交换同盟,这些事情都令郑袖记忆犹新。幸好当时张仪是在欺骗楚王,要不然从楚王的言谈中,不难看出楚王对各国美女的渴望。郑袖左思右想,觉得一定不能让这件事情发生!

于是,郑袖不分昼夜地在楚王身旁咬耳朵:"大王您

就不要生张仪的气了！您想想看，做人臣子的，哪有不为自己的主子着想的呢？这是天下不变的道理。如果现在张仪是您的臣子，他一定也是帮着您去欺骗秦王、齐王的。更何况，现在大王还没有将土地割让给秦国，秦王就已经把张仪送来了，这是对大王敬重的表现，如果大王真的要杀张仪，秦王一定会不惜发动全国大军，即使把楚国给翻过来，也要把张仪救出来的……"郑袖说着说着就哭了起来，"我看大王还不如把我们母子送到江南去，也好过留在这里被秦军杀掉。"

楚王被郑袖哭烦了，心里也开始有点动摇了。正在彷徨之际，靳尚又趁机对楚王说："大王要杀张仪，不过是想要消消心头之恨，但是对秦国而言，并没有什么大的损失。反倒是让我们损失了黔中这块肥美之地。不如把张仪的小命留着，也好当作与秦国谈判的筹码。"

楚王听了觉得很有道理，对张仪的气也消了大半。于是下令将张仪放出大牢，并且赏赐给他许多的金银珠宝，以作为补偿，之后就打发他回秦国去。至于黔中、商於这些土地的纷纷扰扰，最后也就不了了之了。

张仪才刚离开楚国，屈原正好从齐国出使回来。听到楚王不但没有杀张仪，反而厚赐他许多的财宝，打发他回秦国，便赶紧前去拜见楚王说：

"大王不是才被张仪骗得团团转吗？微臣本来以为，张仪这次自投罗网，大王不但会把他剥了皮，还会把他煮来吃的。现在张仪竟然毫发无伤，大王还让他全身而退回到秦国去，这不正是'纵虎归山'吗？我们常说，就是市井的无赖，也会知道有仇必报的道理，何况是贵为一国之君的您呢？我不知道张仪到底对大王下了什么迷药，让您对他这样言听计从的。您这样做，真的是太不明智了！"

听了屈原的劝谏，楚王才如梦初醒，恍然大悟，立刻派兵兼程追赶，要把张仪押回大牢。但是，张仪已经离开两天了，怎么追得上呢？就这样，张仪又一次成功地化解了危机。

当张仪笑嘻嘻地出现在秦王的面前，让秦王吓了一大跳！

"相国怎么能够安然无恙地回到我身边呢？"

于是张仪把事情的经过说了一遍，让秦王对张仪的三寸不烂之舌，真是佩服得五体投地。而黔中之地呢？秦王似乎并不十分在乎，因为黔中之地可以靠秦国的武力取得，但是张仪这样的人才，恐怕失去了以后，就再也找不到了。

9. 张仪失宠了

张仪从楚国平安回到秦国之后，仍旧马不停蹄地游走于各国之间，向各个国君宣传自己的"连横"理念。而各国的国君，也多半安于现状，不愿得罪秦国，因此愿意支持张仪的政策，使得秦国对局势的影响力日益增加。张仪见时机成熟，便高高兴兴地回到秦国，准备向秦王报告这个好消息。但是，正当张仪志得意满地回到咸阳城，准备接受秦王的封赏时，突然传来秦王过世的消息。

这对张仪来说，是一个很大的打击。

回想当初贾舍人陪着张仪入秦，受秦王的赏识成为客卿，无论是在秦王面前与相国公孙衍的辩论，还是出使各国宣扬连横政策，秦王总是站在张仪这一边。对张仪而言，如果自己是那块害自己差点被昭阳打死的和氏璧，秦王应该就是那个挖出和氏璧的卞和吧。现在，秦王驾崩了，张仪这块和氏璧又将面临什么样的命运呢？

事情果然如我们所想的，张仪失宠了。

新任的秦王，在他还是太子的时候，对于张仪的许多作为就相当不满。太子觉得张仪不过就是靠着那一张嘴，就想要在列国之间呼风唤雨。而且，张仪总是在老秦王面前，吹嘘着自己要怎么样把哪国的土地骗到手，结果常是无功而返。但是，令太子不解的是，为什么老秦王还是这么的倚重张仪，让张仪辩才无碍的名声在列国之间更加响亮。如果我们还记得的话，之前楚国黔中之地的事情，就是这个样子，也难怪新秦王会对张仪如此不谅解了。

许多在老秦王时期不受重用的大臣，见到新秦王对张仪不再那么信任，就趁机在秦王的耳边说张仪的坏话。

他们总是对秦王说："大王，您不要看相国好像很得各国国君的尊重，到哪里都获得各国国君高规格的接待，其实，这些国君都知道先王宠爱相国，一方面不敢得罪他，一方面也希望巴结他，好让相国能够在先王面前美言几句，免得让他们变成秦国下一个攻打的目标。

"而且，现在外面都在传说着，大王您和相国之间感情不好，已经有很多国家想要破坏之前与秦国订立的约定，打算去支持合纵政策了。大王您不知道，相国在别国国君的眼中，只不过是一个不讲信用、出卖国家利益以求荣华富贵的小人啊！如果大王您继续重用他，一定会被列国耻笑的。"

秦王本来就不喜欢张仪的作风，现在又听到大臣们这样说，对张仪就更加的厌恶，转而把政事都交给了与张仪关系不怎么友好的甘茂和樗里疾两位将军。

事实上，秦王长得人高马大、身强体壮。他招聚了一群勇士，平时就爱跟这群勇士比武，所以后世就因为他爱好钻研武术而称他为秦武王。也因为爱好武力，所以秦王对于像甘茂、樗里疾这种武将出身，并且为秦国立下开疆辟土大功劳的人才，都会特别地爱护和提拔；像张仪这种只靠一张嘴的文臣，失宠其实是在意料中的。

大臣批评张仪的坏话言犹在耳，齐王此时竟也写了一封信来责备秦王，认为秦王不应该再任用张仪作为相国。

齐王为什么这么讨厌张仪呢？这要从之前的故事说起。

当张仪从楚国回来之后，又出使其他国家，进行连横政策的游说活动。当他到了齐国，便以三晋的君王们已经把许多土地献给秦王为理由，说服齐王也跟着三晋献地给秦王。齐王以为三晋背叛了合纵政策，深怕秦国与三晋联合来攻打自己，所以也跟着献地给秦王表示友好。但是，齐王答应了张仪之后，便听说张仪对其他国君讲的理由都是一样的，也就是说，张仪跟每一个国君都讲："其他国家都已经要献地给秦王了，大王还是赶快加入吧！不然难免亡国之祸。"但是，事实上并没有国君已经献地给秦国。所以，当齐王意识到自己呆呆地将土地送给秦王时，当然会相当的气愤。齐王和张仪之间的怨恨，就是这样造成的。

听到齐王写信来的消息，张仪立刻进宫想要晋见秦王。但是，秦王却迟迟不肯接见他。经过三番两次的报告，秦王终于勉强地答应了。

"相国此次前来，不知有何指教？"秦王斜躺在榻上，用一副很不耐烦的语气对张仪说。

"微臣此次前来，是有一个不怎么高明的计谋，想要贡献给大王。不知道大王有没有兴趣听听？"

"我看相国就快快说吧，别再吊我的胃口了。快快把话说完，我还有很多事情要忙呢！"

"微臣听说，齐王写了一封信给大王。不知道大王看过没有？"

"哦？"秦王听了挑起眉毛"哦"了好大一声，"想不到相国的消息还蛮灵通的嘛！但是，齐王写信给我，关相国什么事情呢？需要劳烦相国你三番两次地禀报要见我一面？如果相国只是问这件事情的话，信，我已经看过了。相国请回吧！"

"既然大王已经看过信了，"尽管秦王已经很不耐烦了，但张仪还是继续说，"想必大王一定知道齐王很讨厌微臣吧？"

秦王默不作声，其实心里想："岂止齐王讨厌你，我也很讨厌你！"

张仪继续说："既然齐王这么不喜欢微臣，那么，有微臣在的地方，齐王一定会派兵攻打的。可是现在微臣在秦国，齐王就算吃了熊心豹子胆，也不敢对秦国轻举妄

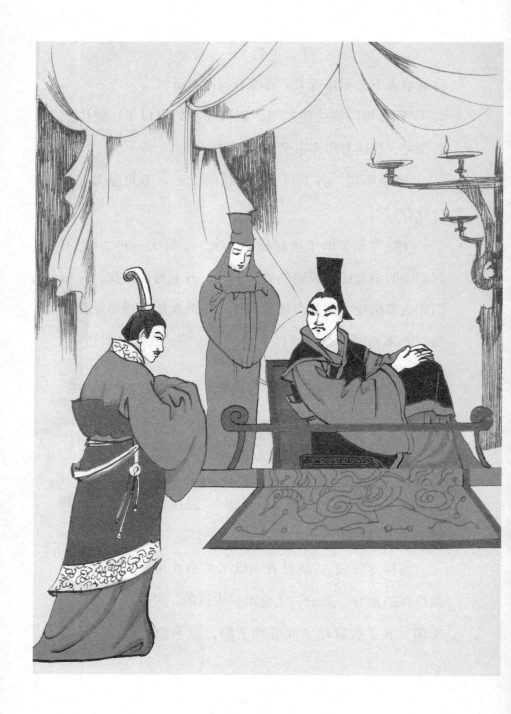

动。所以，微臣想要请大王允许我到魏国去，因为齐国强魏国弱，齐王知道以后，一定会派兵攻打魏国的。"

一听到可以让张仪从眼前消失，岂不是正好完成了自己的心愿吗？秦王很兴奋地问道："然后呢？然后呢？"

"一旦齐王派兵攻打魏国，大王就可以趁它们两国杀得天昏地暗的时候，派兵攻打韩国。只要大王拿下韩国的三川，往东就是周天子所在的雒邑。到时候，大王就可以一路从函谷关毫无拦阻地进兵周王室。占领了雒邑之后，大王就可以抓了周天子，以周天子的名义命令各个诸侯国。不但如此，大王还可以拿到周天子祭祀用的器具，有了这些祭器，大王您就是新一代的天子了！这可是先王在位的时候，想做而做不到的事情。要是大王可以为先王完成这个心愿，相信先王一定会感到安慰的。"

张仪的话，确实打动了秦王的心：取周天子而代之，是每一个国君的心愿，更何况，还能顺便让讨厌的张仪离开好一阵子，这不正是"一石二鸟"之计吗？于是，秦王马上派出兵车三十辆，把张仪送到魏国。从秦王派车的数量与效率，不难想象秦王有多么讨厌张仪。

张仪才刚到魏国，齐王果然举兵前来攻打魏国。当时魏国的国力早已不再是齐国的对手了，所以魏王非常害怕，不禁抱怨起秦王为什么把张仪这块"烫手山芋"丢给他。

张仪早就预料到齐王一定会沉不住气，派兵来攻打魏国。所以张仪对魏王说："请大王不要紧张，微臣有办法让魏国不费一兵一卒，就让齐军撤退。"

"真的吗？"魏王不相信地说，"我知道相国足智多谋，常常替秦王化解危机，但是秦国强魏国弱，请先生教我如何化解这个危机！"

"微臣自有妙计，请大王拭目以待吧！臣告退。"诡异的笑容再次出现了。

此时的魏王就像秦王、楚王一样，每次张仪嘴角那一撇淡淡而充满诡异的微笑，都让他们感到困惑。现在的张仪已经不是当初年轻气盛的少年人，取而代之的，是那种更加胸有成竹的把握和自信，让所有的君王都不得不闭上嘴乖乖地等待结果。

究竟张仪怎样化险为夷呢？首先，他先派出自己的亲信到楚国去，在楚国找了一个能言善道又不害怕面对大场面的楚人，派他当作使者，到齐国去拜见齐王。

使者开门见山地对齐王说："大王这么讨厌张仪，为什么还要让张仪留在秦王手中，任由秦王处置呢？这样对张仪来说，岂不是太便宜他了吗？"

齐王有点莫名其妙地说："我确实讨厌张仪，只要哪个国家敢收留张仪，我一定马上出兵攻打那个国家，这跟有没有让秦王处置张仪一点关系也没有啊！更何况，现在张仪人在魏国而不是秦国，跟秦王处不处置张仪，又有什么关系呢？"

"大王有所不知，"使者继续说，"张仪躲到魏国去，其实是跟秦王串通好的计谋。他们想借这个机会，一举攻下周天子的雒邑！"于是，使者把张仪当初跟秦王一同谋划这场"夺三川、挟天子"的经过述说了一遍。

"大王如果出兵魏国，就是中了张仪的计谋，当大王高高兴兴地去攻打魏国之时，其实秦王和张仪正偷偷地一步一步走向雒邑。等大王回过头来的时候，秦王早已把那些象征天子地位的祭祀器具据为己有了，到时候秦王一定更加信任张仪，大王您想害张仪，事实上反而是帮了张仪一个大忙啊！"

楚国邻近韩国，三川又正好界在两国之间，所以，由楚人来做说客，是最有说服力的了。齐王一听，吓了一大跳，立刻下令大军停止前进，转而观望秦国是否真有发兵攻打韩国的打算。齐军停止了对魏国的军事行动，一切果然就如同张仪所说，秦王也因为顾忌而立刻踩了刹车，不打韩国了。对于魏王而言，当然是松了一口气。

至于秦王呢？秦王见到自己可以趁机进攻雒邑，坐享天子大位的机会就这样变成泡影了，当然气得全身发抖。但是，由于张仪巧妙地借由楚国找来的使者作为说客，让秦王根本想不到真正出卖自己的，就是自己的相国——张仪。当秦王还在纳闷，到底天底下还有谁有这个能力洞悉自己计谋的时候，张仪早就轻轻松松地化解了魏国的危机，并且获得魏王极大的信任，立刻任命张仪为魏国的相国。

其实，聪明的人都看得出来，张仪离开秦国到魏国，本来就不是为了要帮秦王取得三川。以当时张仪的处境来说，秦王根本不想重用张仪，很想找机会把张仪赶走，可是如果让张仪到他国发展，以张仪的口才与智谋，一定会让其他的国家更为富强，尽管现在秦国的国力已经是列国之首，但是，以张仪的能力，既然可以让秦国变强大，难保张仪不能让其他的国家也成为下一个秦国。所以，如果张仪突然说要到其他国家发展，秦王不但不会放人，恐怕还会惹来杀身之祸。现在，张仪以帮助秦王夺三川、挟天子为借口到了魏国，当然不会愿意再回秦国去了。

其实，张仪本来就是魏国人，能够回到魏国，真正为着自己的国家利益发挥自己的才能，本来就是他拜别老师鬼谷子时的初衷，只可惜，张仪在魏国只当了一年多的相国就去世了。一代纵横大家，生于魏国，死于魏国，也许，也算是了了他的一个心愿吧！

10. 舌头动一动，世界大不同

　　秦孝公任用商鞅为相，使秦国由一个远离富庶中原的边缘小国，变成一个具有强大军事力量的大国；而秦惠王任用张仪为相，使东方六国在张仪的游说下相互征伐，终于无力与秦国抗衡。所以后来秦始皇的丞相李斯就说："惠王利用张仪的计谋，侵略三川之地，往西并吞了巴蜀，往北获得了上郡，向南占领了汉中，夺取了九夷的土地，控制住楚国的鄢郢两城，往东占据险要的虎牢，得到了大片肥沃的土地。更重要的是，张仪成功地瓦解了六国的合纵政策，使列国国君都来事奉秦国。"而秦始皇就是靠着张仪所立下的基础，往东并吞六国，一统天下，结束了东周将近五百多年的混乱局势。

　　但是，伟大的历史学家司马迁却认为："张仪和苏秦两个人，都是战国时代足以动摇一国之本的危险人物，而张仪狡猾的计谋与苏秦比较起来，确实有过之而无不及。世人之所以认为苏秦不如张仪，是因为苏秦死得早，张仪活得久，所以张仪可以攻击苏秦的缺点来成就自己连横政策的主张。"确实，和苏秦比较起来，张仪总是给人一种深不可测的印象。他以秦国强大的军事力量作为后盾，卖弄他的三寸不烂之舌来破坏列国的合作关系，尽管不是每次都达成目的，但是确实成功地让列国之间充满了互不信任的气氛，最后终于一个一个被秦国所并吞消灭。

从张仪被秦惠王立为相国，到张仪在武王的冷落下离开，前后将近二十年的岁月里，正好是秦国对外展开一连串侵略的时候。由于秦惠王对张仪的信任，让张仪可以没有后顾之忧地在外交舞台上崭露头角。尽管张仪在这段期间内，在秦惠王的同意之下，到魏国做了短暂几年的相国，但是此时的魏相国张仪，仍旧是处处为秦国的利益着想，而这位"不请自来"的相国，也成功地将魏国拉拢到秦国这一边。所以，尽管司马迁不是那么欣赏张仪，但是他最后仍然认为，只有张仪才有能力将六国已经订立的合纵之约打破，瓦解诸侯间的合作关系。

合纵之约的瓦解，在公孙衍策动的"五国伐秦"之役中表露无遗。表面上当作首领的楚国，最后竟然躲在韩、赵、魏三国的后面，没有派出任何的兵马予以支援，当初答应出兵的燕、齐两国，也在各有盘算的私心中退缩，让好不容易缔结起来的同盟，终究因为猜忌而裂解。而幕后最重要的灵魂人物，自然非张仪莫属。

回顾张仪的一生，即使在魏国郁郁不得志，吃尽了闭门羹；又在楚国被诬陷，差点丢了小命；在赵国被同学苏秦鄙视嘲笑，几乎流落街头，但是张仪始终相信，只要他的舌头还在，就还有本钱，也就还有希望。凭着这一股信念，让张仪在各种的逆境当中，仍然努力不懈。即便是后来遭遇到其他朝臣的嫉妒与攻击，张仪仍旧能够凭借自己的毅力与智慧，一一化险为夷。当这些被张仪耍得团团转的国君和大臣，发现自己原来不过是张仪棋盘中的一颗棋子时，想要后悔早已来不及了。

战国时期在漫长的中国历史中，可以说是最混乱的一个时代，但是，却也是中国历史中最具有活力的一个时代。赋予这个时代活力的，就是这群穿梭于各国君王的面

前，宣扬自己的理念，实践自己想法的纵横家。

　　尽管许多人都认为，纵横家只重视依靠外力，只关心怎样才能争取盟国和对外扩展的问题，过于夸大计谋策略的功用，不像崇尚改革政治、经济和谋求富国强兵的政治家那样，提出一些有效的治国之道，但是，当我们打开这段历史，这些纵横家，却像一颗颗闪亮的星星，将战国这片夜空，点缀得缤纷美丽。纵然他们的一言一行充满了尔虞我诈，但是却也让我们看见这群策士谋臣的深谋远虑。苏秦如此，陈轸如此，公孙衍如此，当然，张仪更是如此。尽管随着时间的推移，他们对于时代的影响力已经渐渐褪去，但是他们鲜活的形象和辩才无碍的故事，却永远留在人们的心中，就像张仪嘴角那一撇淡淡而充满诡异的微笑一样，依旧留给后人无限的想象与期待。

张仪小档案

前 328 年　成为秦国相国，与秦国公子率兵围攻魏国，攻下蒲阳。魏国割上郡十五个县给秦国。

前 327 年　献计让秦国先归还魏国焦、曲沃两地。

前 325 年　秦惠文君称王，自称秦惠王。

前 324 年　率兵攻取魏国陕城一带，秦国顺利占领黄河天险。公孙衍离开秦国转往魏国发展。

前 323 年　与齐、楚的执政大臣相会于啮桑，希望消除诸国对秦国东进的忧虑。公孙衍发起"五国称王"的运动，魏、韩、赵、燕、中山国之君互相称王。

前 322 年　转往魏国，被魏王任为相国。

前 319 年　公孙衍联合五国，迫使魏王免去张仪的职务，让公孙衍取代张仪为相。

前 318 年　公孙衍发动五国合纵，讨伐秦国，但战败而还。

前317年　秦国与韩、赵、魏交战，秦军斩杀韩国军民八万人。张仪回秦，秦王恢复张仪的相位。

前313年　齐国与楚国结盟，张仪前往楚国劝说，楚国与齐国绝交。

前310年　秦惠王死，秦武王即位。张仪投奔魏国，被魏王任命为相国。张仪担任魏相年余，死于任上。